樂施會 OXFAM Hong Kong | 無窮世界 World Without Poverty

感谢乐施会提供研究和出版支持

本书内容并不必然代表乐施会立场

云南 + 青海 + 贵州 + 宁夏 + 山东

农民合作社内部信用合作实践探索与发展思路

基于试点地区的实地考察

张照新　高强　谭智心　吴比 / 著

中国发展出版社
CHINA DEVELOPMENT PRESS

图书在版编目（CIP）数据

农民合作社内部信用合作实践探索与发展思路：基于试点地区的实地考察/张照新等著．—北京：中国发展出版社，2017.12

ISBN 978－7－5177－0816－2

Ⅰ.①农…　Ⅱ.①张…　Ⅲ.①农村信用社—研究—中国　Ⅳ.①F832.35

中国版本图书馆 CIP 数据核字（2017）第 296239 号

书　　名：农民合作社内部信用合作实践探索与发展思路：基于试点地区的实地考察
著作责任者：张照新　高　强　谭智心　吴　比
出 版 发 行：中国发展出版社
（北京市西城区百万庄大街 16 号 8 层　100037）
标 准 书 号：ISBN 978－7－5177－0816－2
经　销　者：各地新华书店
印　刷　者：三河市东方印刷有限公司
开　　本：710mm×1000mm　1/16
印　　张：12.25
字　　数：142 千字
版　　次：2018 年 2 月第 1 版
印　　次：2018 年 2 月第 1 次印刷
定　　价：40.00 元

联 系 电 话：（010）68990692
购 书 热 线：（010）68990682　68990686
网 络 订 购：http：//zgfzcbs.tmall.com
网 购 电 话：（010）68990639　88333349
本 社 网 址：http：//www.develpress.com.cn
电 子 邮 件：271799043@qq.com

前言

资金要素一直是中国农业和农村发展的制约瓶颈。尤其是在中西部贫困地区，由于农民自身资金积累较少，加上金融服务匮乏，加剧了发展生产脱贫致富的难度。发展普惠金融，解决农民融资难、融资贵问题，既是农村改革的重大任务之一，也是中国脱贫攻坚的重要举措。合作社内部信用合作作为普惠金融的重要内容，成为政府完善金融服务的重要政策之一。党的十八届三中全会明确强调“允许合作社开展信用合作”，2014 年中央一号文件要求在管理民主、运行规范、带动力强的农民合作社基础上，培育发展农村合作金融，发展新型农村合作金融组织。此后的一系列中央文件也对合作社开展信用合作提出明确要求。与此同时，国家先后在“一省三县”，即山东省、河北玉田县、湖南沅陵县、安徽金寨县进行试点试验，一些省份也自主选取部分地区开展省级试点，从不同层面探索信用合作的具体运作模式和监管办法。从实践来看，农民合作社内部开展信用合作，可以有效缓解合作社及成员资金短缺问题，成为破解合作社发展瓶颈的有效手段。据不完全统计，近年来约有 2 万家合作社开展了不同形式的信用合作业务。农民合作社开展信用合作业务具有成员熟识度高、资金运用灵活、产业衔接度强等特点，无论对于合作社自身发展壮大，还是对于农业与农村发展都具有重要意义。

但与此同时，近些年各地也陆续出现了合作社内部信用合作运作不规范、“假冒合作社”涉嫌非法集资等问题。由于诸多因素影响，无论是政策制定部门还是基层指导部门，对农民合作社内部开展信用合作的认识尚未统一，特别是在发展定位、监管责任等方面，还没有形成一致的看法。鉴于此，我们于 2014 年底与香港乐施会达成协议，决定以“农民合作社开展信用合作与农村社区发展协作机制研究”为题开展合作课题研究。

课题主要基于小农户的组织性是其能够应对来自外部如市场乃至社会冲击有效途径的基本判断，聚焦我国中西部农民合作社开展信用合作的各种模式进行总结、分析，并评估其对促进合作社发展，缓解西部农村贫困的价值。课题致力于从社会影响和政策制定两个层面对加强农民信用合作的有效支持提供了理论依据和实践支撑。主要从以下几个方面展开：一是研究贫困地区农民合作社开展信用合作的具体形式及适用范围，对目前我国中西部农民合作社开展信用合作的模式进行总结与分析，并评估其价值。课题围绕云南、青海、贵州等贫困地区开展调研，对部分合作社开展信用合作进行典型案例剖析。二是从农民入社动机视角出发，研究不同类型的合作社开展信用合作组织模式、运作机制与功能条件，建立一个不同形态合作社开展信用合作的分析框架。为此课题组赴山东开展调研，作为对贫困地区信用合作模式的参照组，进行对比分析。三是探索农民合作社开展信用合作与有效发挥合作社社会功能的耦合点，研究农民合作社开展信用合作对农村社区社会功能产生的具体影响。此外，课题组在研究过程中，还对东亚地区合作经济组织开展信用合作的相关做法及经验进行了梳理。

课题组围绕农民合作社开展信用合作的功能定位、成长逻辑、社区关系等方面展开研究，尤其是在信用合作和资金互助的区别与联系上，进行了两方面的努力。一方面，从民间角度看，课题组通过对云南省调研，对贫困地区合作社发展以及信用合作业务的规范运营进行了深入分析，梳理了“民间自发型”合作社开展信用合作的成长路径，也对贫困群体通过自组织增强自身的抗风险能力和实现持续增收进行了总结。另一方面，从政府角度看，课题组通过对山东省调研，对山东省开展的农民合作社内部信用合作试点进行了深入考察，辩证地分析了“政府主导型”合作社开展信用合作的主要特征，并对信用合作风险防范措施的有效性与制约性进行了归纳。

为保障课题顺利开展，我们组建了一个融合专家学者和高校研究生组成的课题组。在课题主持人和项目协调人之下，分省成立调研小组。每个小组设子项目负责人1名，项目参加人3名。调研小组在每省选择2个样本县，在县级层面召开包括农业主管部门、合作社负责人、社员代表、村委会等个人和机构在内的座谈会。同时，课题组还选择不同领域、不同类型开展信用合作的合作社进行深入剖析，从每个调研省份筛选了典型合作社案例。历经3年，课题组先后组织开展贵州、青海、甘肃、云南、山东5省的6次调研，参与田野调查30余人次，实地走访了近50个开展信用合作的农民合作社。课题组还先后召开6次课题组内部研讨会、1次外部专家咨询会和1次课题中期研讨会，并组织召开了成果鉴定会。

课题完成总报告“农民合作社内部信用合作发展实践及未来发展思路”1份，分省报告及专题报告8份，以及3份典型案例的调研报告，收集整理合作社信用合作案例，总字数20余万字。我们依据代表性、典型性等标准，对所撰写的报告进行了严格筛选，将部分研究报告结集成册形成此书。我们的研究产出已经通过政策建议报告、研讨会等方式，对加快推进合作社开展信用合作以及通过信用合作促进农村社区社会建设等方面发挥了积极作用。例如，课题组在研究过程中，先后向农业部、全国人大农委提交决策参考、合作社法修法建议各1份；在《中国农村经济》《中国农民合作社》《中国农村金融》等杂志公开发表论文5篇；通过乐施会董事局副主席、全国人大代表陈智思先生向两会提交关于合作社法修改建议的提案1份；2016年1月，课题组成员高强参加第六届全国农民合作组织论坛（重庆），并分享了研究成果；2017年7月，课题组负责人张照新、高强参加第五届中国合作经济中青年学者工作坊（山东泰安），并就合作社信用合作做了主题发言；2017年9月，课题组负责人张照新参加农业部在北京举办的农民合作社发展论坛，并以合作金融理论和现实需求做专题发言。

本课题在研究过程中得到了农业部经管总站副站长赵铁桥、王维友的指导和帮助，专业合作处刘涛、杨春悦、郭娜英、贺潇、李世武等给予大力协助和支持，甘肃经管处处长徐麟辉、山东经管站站长滕希群、贵州经管站站长王永新、云南省经管站副站长何平以及青海经管站的同志也为课题调研提供了无私的支持。全国人大农委主任何宝玉、副主任张福贵，中国人民大学农业与农村发展学院孔祥智教授、马九杰教授、毛飞博士，中国农业大学经管学院院长郭沛教授、何靖副教授，中国农业大学人文与发展学院任大鹏教授，农业部管理干部学院农民合作社发展中心主任于占海，中国传媒大学媒体经管学院曲小刚副教授等专家学者，都从不同方面对完善研究成果提出了宝贵的意见和建议。中国合作经济学会副会长兼秘书长陈建华研究员、冯跃进老师在项目协调和课题管理方面给予支持。在此，我们向各位的支持和帮助表示衷心的感谢，特别需要感谢的是课题组调研走访的各个合作社，我们仅有的一些思考都来自于这些合作社的基层创造。最后，特别感谢香港乐施会的资助和支持。

当前，农民合作社开展信用合作还没有破题，如何发展、怎么监管仍没有形成可复制、能推广的经验。我们将继续保持对该问题的关注，当然书中还有很多不足和需要改进的地方恳请大家批评指正。

课题组

2017 年 12 月

目 录

主报告

农民合作社内部信用合作发展实践及未来发展思路

专题报告一

农民合作社信用合作试点跟踪研究

专题报告二

农民合作社内部信用合作：概念辨析与发展建议

专题报告三

新型农村合作金融组织资金互助模式比较研究
——基于安徽省金寨县的调查

专题报告四

日本、韩国及中国台湾信用合作运行模式、发展经验与启示

调研报告一

妥善处理信用合作风险控制和内在活力的关系
——山东省合作社信用互助业务试点调研报告

主报告

农民合作社内部信用合作发展实践及未来发展思路

受发展阶段和农村金融抑制双重因素的影响，资金要素一直是中国农业和农村发展的重要制约瓶颈。尤其是在中西部贫困地区，由于自身资金积累较少，加上金融服务匮乏，加剧了农民发展生产脱贫致富的难度。发展普惠金融，解决农民融资难、融资贵，既是农村改革的重大任务之一，也是中国脱贫攻坚的重要手段。合作社内部信用合作作为普惠金融的重要内容，成为政府完善金融服务的重要政策之一。在政策鼓励和农民成员需求双重驱动下，部分合作社开始探索内部信用合作，逐步形成了一些行之有效的模式，不但有效解决了农民成员的小额资金需求，也丰富了农村合作金融。在中西部远离正规金融服务的村庄，农民合作社信用合作还有效解决了老年农民的理财需求和零散的生活需求，对于提高社区的凝聚力，促进农村社区发展发挥着一定的作用。

但现实中农民合作社内部信用合作也面临着自身规范不够、功能定位不明确与法律缺失、监管缺位等外部环境制约等问题，如何完善法律与政策环境，促进其规范发展，成为合作社内部信用合作面临的重大课题。在此背景下，为了探讨农民合作社内部信用合作的功能以及在中西部贫困地区发展中的现实价值，课题组在对云南、青海、贵州、宁夏和山东五省调研的基础上，对合作社内部信用合作的运作模式、存在问题进行了分析，并利用大样本数据对其效果进行了评价，在此基础上，探讨了其功能定位、风险控制、法律规定以及社区协同发展等问题，提出未来发展的思路和政策。

课题报告共分为六部分。第一部分在对合作社内部信用合作概念范围进行界定的基础上，对我国农村合作金融发展的历程进行了梳理，作为课题研究的背景；第二部分基于近年来的调查资料和课题组在五个省的实地调研，对合作社内部信用合作的模式进行了归纳和总结；第三部分基于调研，分析了当前信用合作存在的问题和困境；第四部分利用大样本数据对信用合作与合作社经营的关系进行实证研究；第五部分基于调研的资料对合作社内部信用合作发展的功能定位、风险控制、法律条款和农村社区协同发展等几个重要议题进行了讨论；第六部分提出了合作社内部信用合作的发展思路和政策建议。

一、农民合作社内部信用合作的背景及价值

合作金融由于可以利用农民成员内部信息透明度高、违约成本高等特性，能够相对有效解决农民小额、零散的资金需求，成为农村金融不可或缺的一部分。自 1848 年德国成立世界上第一家合作金融组织——拉夫森信用合作社以来，合作金融经历了 150 多年的发展历程，而且不

论是在发达国家还是在发展中国家，合作金融组织都广泛存在。目前，以信用合作社、合作银行、信用合作社联盟等为主要形式的合作金融组织已成为世界各国金融体系中的重要组成部分，不少合作银行至今仍是国际上有竞争力的金融机构，如德国合作银行、荷兰合作银行等。合作金融制度虽起源于西方，但在东方文化中也显现出较好的成长性，日本、韩国和我国台湾地区都建立了较成功的合作金融机构和组织体系。

20 世纪初，梁漱溟等乡村建设运动发起者就积极推动农民信用合作。新中国成立后，我国政府也大力发展农民信用合作，建立农村信用合作社，但后期却逐步转化为商业银行机构；改革开放后，农村合作基金会一度快速发展，但受政策影响未能发展起来。2007 年国家再次推动农村合作金融发展，试点发展农村资金互助社，但受诸多因素制约，农村资金互助社仍未大范围发展。对以往农村合作金融发展的历程进行梳理和总结，是研究农村合作社内部信用合作的基础和前提。

（一）农民合作社内部信用合作的内涵及特征

在实践中，合作社信用合作表现为多种形式，有以资金调剂为主要业务的资金互助社，有侧重于支持贫困户发展的扶贫资金互助社，也有专业生产合作社内部开展的信用合作，而且由于受认识和实践多重因素的影响，很多人把合作社信用合作与资金互助混同起来，因此有必要对合作社内部信用合作的概念和功能进行深入探讨。

1. 农民合作社内部信用合作的概念与功能界定

（1）农民合作社内部信用合作是服务功能拓展。

从广义上看，信用合作可以理解为“基于信用的合作”，泛指一切基于成员信用的合作活动。合作社信用合作在我国有悠久的历史。1927年毛泽东发表的《湖南农民运动考察报告》中关于合作社运动论述中曾提出："合作社，特别是消费、贩卖、信用三种合作社，确是农民所需要的。"梁漱溟在《我从事的乡村建设运动》一文中提出"合作社是从信用合作社到生产合作社这样发展的"。这一时期信用合作主要指以资金信贷为主要业务的信用合作社。不过，受日本、韩国以及我国台湾地区的"东亚模式"农业合作社发展道路的影响，信用合作的内涵逐渐丰富，功能越来越多元。以日本农协为例，"信用事业"不仅能满足社员的用款需求，还承担为农协系统内其他事业提供融资服务的职责（高强、张照新，2015）。

根据我们的理解，农民合作社内部信用合作是农民社员为了改善自身的经济条件和获取便利的融资服务，按照合作经济原则，在合作社内部开展的经济互助活动。从本质看，信用合作是合作社服务功能的拓展，由原来为社员提供生产、供销和技术服务，拓展到为农民提供资金调剂、贸易信贷、担保服务、互助保险等服务。因此，立足于农民合作社提供综合服务的视角，信用合作是合作社服务功能的一个环节和领域，与之相对应的概念有生产合作、消费合作、供销合作等。

需要说明的是，近年来中央和地方的有关文件中也使用"农民合作社内部资金互助"的说法。农民合作社内部资金互助是合作社内部成员为了解决经济活动中的困难，而自主发起的一种纯粹的资金融通活动。因此，农民合作社内部资金互助是信用合作的一种主要业务形式。在基层实践中，有些合作社也将农民合作社内部信用合作与农民合作社内部资金互助等同。这是由于现阶段农民合作社内部信用合作主要表现为资金调剂，其他方面的功能尚未充分发挥，而“货币信用”是实践中最常见、最直观的形式。

（2）资金互助是一种社区互助性金融业务。

资金互助是许多发展中国家最流行的非正式金融制度之一。“资金互助”的概念在我国出现较晚。1999 年 1 月，国家统一取缔农村合作基金会。从 2002 年起，姜柏林①在吉林省梨树县发动农民开始组建包括消费合作、购销合作、资金互助、股权信贷、互助担保、粮食信托、医疗教育等在内的 10 余个各具特色的合作社。当时，为了避免受到农村合作基金会的影响，又要和农村信用社相区别，在有关专家的指导下，姜柏林决定采用“资金互助”的概念。2007 年 3 月 9 日，中国银监会核准全国首家农村资金互助社——梨树县闫家村百信农民资金互助社开业。自此，农村资金互助社开始成为一个固定的名称。现阶段，资金互助的主要组织载体是农村资金互助社。农村资金互助社是指经银行业监督管理机构批准，由乡（镇）、行政村农民和农村小企业自愿入股组成，为社员提供存款、贷款、结算等业务的社区互助性银行业金融机构②。

农村资金互助社与合作社内部资金互助不同。合作社内部资金互助主要是农民专业合作社内部自主发起的一种成员间的资金融通活动，属于类金融业务；农村资金互助社则是正式的金融组织形式，其业务属于

① 21 世纪中国新农民合作社运动倡导者，全国首家农村资金互助社——梨树县闫家村百信农村资金互助社推动者，柏林新时代合作社讲习所联合创始人，原中国人民银行四平市分行和中国银行业监督管理委员会四平监管分局干部。

② 参见：中国银行业监督管理委员会关于印发《农村资金互助社管理暂行规定》的通知（银监发〔2007〕7 号 2007 年 1 月 22 日）。

规范的金融业务。农民合作社内部资金互助不受行政区域限制，依托主导产业，围绕成员的生产需求提供资金融通服务；农村资金互助社则受行政区划的严格限制，只为本社区成员的生产、生活提供相关金融和信贷服务。

2. 农民合作社内部信用合作特征分析

信用合作、资金互助和合作金融是三个相互联系又各不相同的概念。

从属性上看，合作金融和资金互助都属于金融业务，而农民合作社内部信用合作则是更多从合作社服务功能的拓展，既包括资金互助、保险合作等金融性质的业务，也包括内部农资和农产品赊销赊购等业务。在现行法律框架下，农村合作金融机构和农村资金互助社都是经银行业监督管理机构批准设立的金融机构，而农民合作社内部信用合作不设立金融机构，只是具备一些金融属性的业务。

从维度上看，与资金互助、信用合作相比，合作金融是一个相对宏观的概念。它主要是从金融学科角度出发进行的划分，与商业金融、政策金融共同构成金融体系。资金互助是合作金融的一种具体表现形式，突出资金融通特性。而信用合作是服务功能的一个环节和领域，不是拥有独立法人的正式组织。

从功能上看，合作金融较为综合，信用合作的产业联结度较高，而资金互助的社区服务性较强。合作金融有多种组织形式，其服务范围也涵盖生产生活等多个领域。农民合作社内部信用合作必须依托主导产业，围绕社员的生产需求提供融资服务。具体来看，可以包括提前付款、担保服务、直接借款、资金融通、互助保险等多项内容。资金互助的组织载体主要有资金互助社、小额信贷、扶贫互助社等，往往具有互助共济特点，以社区为基础，提供生产生活两方面的贷款。

（二）改革开放以来我国农村合作金融发展历程

在改革开放这30多年的风雨历程中，农村合作金融历经多次改革，一直都在探索着适合我国国情、适应自身特征的产权管理体制和组织管理模式。总体来看，自改革开放以来，农村合作金融改革与发展历程大致可概括为四个阶段。

1. 第一阶段：以农村信用社为主体，增加农村金融供给（1979～1996年）

十一届三中全会胜利召开后，我国对经济体制进行了重大调整，同时也对金融体制实施了一系列改革，相继恢复和成立了各专业银行以及其他金融机构。

1979年1月，为了使在“文革”中受到冲击的农村经济尽快恢复，农村信用社由中国农业银行正式接管。农村信用社成为具有“合作金融特点”的农业银行基层营业机构。这个阶段，农村信用社逐步得到恢复，网点不断建立，各项业务逐渐有了“起色”。1982年底，全国范围内共建立337955个信用分社和信用站，其中包括30767个信用分社和4006个储蓄所。为了方便农民，信用社还在各个村设立代办员，为农民提供存款和取款服务。不断增加的网点和体系为农民社员提供了优质方便的金融服务。同时，农村信用社的“三性”，即管理民主性、组织群众性、经营灵活性得到一定程度的发展，业务开办的独立性明显增强。1984年，国务院105号文件转发了《中国农业银行关于改革农村信用社管理体制的报告》，明确提出了“把农村信用社办成真正的合作金融组织，恢复其合作本质”。

这一阶段，农村信用社在中国农业银行的领导和管理下，经营活力进一步增强，业务发展日益活跃，在支持农村市场经济发展方面起到了积极的推动作用。但是，我们也要看到，由于信用社还接受银行管理，“官办”色彩仍然比较浓重，农村信用社要想恢复其“三性”，真正体现合作金融组织的本质，还存在很大的困难。同时，由于各个村、储蓄所更多体现的是储蓄功能，而放贷功能明显不足，农村信用社呈现明显的存差，成为农村金融资源流出的重要渠道。此外，由于自身管理的问题，各地储蓄所、代办员也出现了违规操作，个别代办员甚至违规放贷，给信用社带来呆坏账等问题。

2. 第二阶段：突出农村合作金融独立性，满足农村金融需求（1996～2003年）

1996年，根据国务院文件《关于农村金融体制改革的决定》，农村信用社脱离中国农业银行，按照合作制原则独立发展，使其成为农民自愿出资入股、社员民主管理、为其成员提供服务的农村合作金融组织。1997～1998年间，为强化脱钩后农村信用社的管理，中国人民银行无论是总行还是县支行都建立了农村合作金融专门管理机构，制定了大量的防控风险的办法，跟踪研究出台一系列高风险化解措施。这段时间，中国人民银行先后颁布了《农村信用社县级联合社管理规定》和《农村信用社管理规定》，重新规定了县联社、基层信用社的机构设立、变更、股本金、业务经营等。1999年后，在农村信用社的管理模式上进行了一系列的创新，开始试点组建省级社和市地级联合社，进一步完善信用社的管理体制。

此外，在1984~1999年间，农村合作基金会对促进农村经济发展发挥了一定作用，经历了萌发、改革试验、高速扩张、整顿发展以及清理关闭等几个阶段。农村合作基金会是人民公社体制解体后，农村基层重建和完善农业积累制度的一种组织基础，它是社区合作经济组织内部各成员在资金上互通有无、有偿使用、独立核算、自负盈亏的一种专业性合作金融组织。从全国情况看，1990~1996年，全国农村合作基金会累计投放于种养业生产的资金已达到1515亿元。1996年投放于农业生产的资金占当年投入总额的比重已达43.3%。生活服务方面的资金达到730亿元，1996年投入的资金占当年投入总额的比重为19.9%。上述两个方面的支农资金合计占63.2%，大大高于农行和信用社的比重。但是在快速发展过程中，许多农村合作基金会在地方政府的干预下，把大笔的款子盲目投向急需资金的乡镇村办集体企业，甚至成为乡镇政府的小金库。这一时期金融秩序混乱，供销社、计生委、民政、劳动和社会保障等部门都加入了创办基金会、股金会，参与高利率资金市场的恶性竞争，局部地区甚至开始出现小规模的挤兑风波，直至1999年中央下决心全国统一取缔农村合作基金会。

3. 第三阶段：农村信用社向商业性金融机构转轨，完善法人治理结构（2003~2008年）

国务院在2003年制定下发《关于印发深化农村信用社改革试点方案的通知》。同年8月，国务院在山东、江苏等8个省（市）启动了农村信用社深化改革试点工作。新一轮改革的突出特点是理顺信用社的法人治理结构，以法人作为改革的基础单位，明确产权关系，加快现代化法人治理结构的推广。在大刀阔斧改革的同时，区分不同的情况，采取不同的产权方式：可以采用股份制银行改造模式；也可以打破过去乡镇一级法人的管理模式，将县（市）或县以下农村信用合作社合并为县级一级法人；还可以继续实施乡镇各为法人的管理模式。同时，进一步明确信用社管理体制，由省级政府负责管理农村信用社。

在总结8省（市）改革试点经验后，国务院在2004年8月发布了《关于进一步深化农村信用社改革试点的意见》，决定继续扩大改革试点的范围，在北京、广东等21个省（市、区）推行改革试点工作。本次改革工作的重大突破就是从市场化角度定位农村信用社改革目标，即把过去“社区地方金融机构”的改革目标转变为“地方性金融机构”。

农村信用社向商业性金融机构转轨所带来的一个后果就是农村金融服务机构的收缩。为了降低成本，强化管理，改革后的农村信用社或者商业银行，取消了很多偏远地区的储蓄所和代办员，导致农村金融服务匮乏更加严重。

4. 第四阶段：允许并鼓励农民合作社信用合作，满足农业农村发展需要（2008年至今）

为了弥补信用社向商业金融机构转轨后所带来的金融服务不足的问题，在逐步推动村镇银行和小额贷款公司发展的同时，开始推动农民合作社信用合作的发展。2008年党的十七届三中全会决定提出“允许有条件的农民专业合作社开展信用合作”。这是我国首次以中央文件形式允许合作社开展信用合作业务。2007年银监会就在全国开展农村资金互助社试点，并且批准了49家农村资金互助社。2009年中央一号文件提出，“抓紧出台……农民专业合作社开展信用合作试点的具体办法”。

2010 年中央一号文件将目光聚焦农村资金互助社，提出“加快培育村镇银行、贷款公司、农村资金互助社”，并进一步提出“支持有条件的合作社兴办农村资金互助社”。2012 年中央一号文件再次提出“有序发展农村资金互助组织，引导农民专业合作社规范开展信用合作”。2013 年中央一号文件提出“规范合作社开展信用合作”。这主要是中央针对各地出现的合作社违规操作倾向性苗头提出的明确要求。2013 年 11 月召开的党的十八届三中全会决定再次提出“允许合作社开展信用合作”。

2014 年中央一号文件则不再局限于农民合作社信用合作，而是进一步拓展到农村合作金融，强调“在管理民主、运行规范、带动力强的农民合作社和供销合作社基础上，培育发展农村合作金融”。2015 年中央一号文件在继续提出“积极探索新型农村合作金融发展的有效途径”的同时，强调“稳妥开展农民合作社内部资金互助试点”，将面上引导转为试点探索，并明确提出“落实地方政府监管责任”。2015 年 11 月中办国办印发的《深化农村改革综合性实施方案》提出，“稳妥开展农民合作社内部资金互助试点，引导其向‘生产经营合作 + 信用合作’延伸”。2016 年中央一号文件进一步提出，“扩大在农民合作社内部开展信用合作试点的范围，健全风险防范化解机制，落实地方政府监管责任”。2016 年 3 月 17 日发布的《国民经济和社会发展第十三个五年规划纲要》提出“稳妥开展农民合作社内部资金互助试点”。2017 年，中央一号文件明确提出发展生产合作、购销合作与信用合作三位一体的综合合作。综上得出，中央对于信用合作的部署安排呈现连续性、渐进性和明确化等特征，既始终重视支持农民合作社内部开展信用合作，又针对实践变化做出了一些阶段性调整，并对培育农村资金互助社、发展合作金融和落实监管责任提出了相应的要求。

除在合作社内部开展信用合作外，多地试点运行了农村资金互助社。农村资金互助社是指经银行业监督管理机构批准，由乡（镇）、行政村农民和农村小企业自愿入股组成，为社员提供存款、贷款、结算等业务的社区互助性银行业金融机构。它是具有类似或关联生产的农民共同发起、拥有和管理，为了获取便利的融资服务或经济利益，按照资本入股、民主管理、互助互利的原则建立的互助金融组织，在社员范围内开展借贷业务。它以入股参加的农民为主要社员，都是一人一票；合作社设立理事会和监事会，都是从社员中选举产生的；定期召开社员大会，研究决定合作社的重大事项。农村资金互助社起步较早的有吉林省梨树县百信资金互助社，河北省定州市翟城农村资金互助社，河南省兰考县贺村、南马庄、胡寨村等资金互助社。农村资金互助社的创新探索和成功实践，引起中国银监会的正视，进而放宽了金融机构准入政策，并相应下发支持其准入和运行的文件及出台配套政策，即《农村资金、互助社管理暂行规定》和《农村资金互助社示范章程》，并于 2006 年在全国 6 个省开始试点。2011 年底，银监会批准 49 家合法运营的资金互助社后，暂缓审批资金互助社，大量资金互助组织游离于监管体系之外。

（三）农业农村变革背景下农民金融需求变化

随着农业和农村经济的发展，尤其是农民分工分业的深化，农民借贷需求也发了很大变化。我们利用 2015 年农业部农村固定观察点的数据对农民近年来的资金借贷需求及满足情况进行了分析。该数据来源于农村固定观察点在全国17个省（市、区）[①] 开展的“土地制度改革与农村金融创新”的调查，该调查采取随机分层抽样方式，先随机抽省份，然后在省份内随机抽取2～4个观察点村，抽到的观察点村内的所有观察户都入样，最后共得到2635份农户样本数据。在调查内容上，包含了“土地制度改革和家庭土地使用”“农户信贷”“家庭风险管理”和“家庭农业生产与销售”四个方面的内容，对农户的信贷需求做出了较为全面的调查。

第一，农户的资金需求不断增大，银行贷款难以满足农户资金需求。近些年，随着农业农村经济发展，农户对资金需求规模明显增加，但正规金融难以满足贷款需要。从数据来看，9.3%的样本户（245户）在2010年因农业经营或日常消费出现过资金短缺，平均资金缺口为2.65万元。2015年，有6.11%的样本户（161户）因农业经营或日常消费出现过资金短缺，平均资金缺口为5.05万元。

同2010年相比，2015年农户向正规银行（包括农村信用社）申请贷款数额较高，同时需求缺口（申请额度与获批额度之差）也更大。2010年，有4.14%（109户）的样本户向正规银行（包括农村信用社）申请过贷款，平均申请贷款额度为5.05万元。申请贷款的样本户中（109户）有96.3%获得了银行贷款，获批贷款额度平均为4.55万元，需求缺口为0.5万元，资金需求满足程度为90%。到了2015年，有2.28%（60户）样本户向正规银行（包括农村信用社）申请过贷款，

① 17个省（市、区）具体是：山西、吉林、黑龙江、江苏、山东、浙江、福建、江西、湖北、宁夏、四川、贵州、辽宁、安徽、河南、重庆和广西。

平均申请贷款额度为 13.9 万元。申请贷款的样本户中（60 户）有 83.3%获得了银行贷款，获批贷款额度平均为 7.7 万元，需求缺口为 6.8 万元，资金需求满足程度为 55.4%。

第二，农户对银行贷款需求逐渐增加，主要用于农业生产。农户生产性贷款主要获取渠道在于银行等正规金融机构，生活性借贷主要依靠民间借贷市场来满足。从样本来看，2010～2015 年农户向银行申请贷款资金额度在增大，2015 年样本农户向银行平均申请贷款额度为 8.11 万元，比 2010 年高 1.53 万元。从平均申请贷款和最终放款额度之差上看，2010 年为 0.88 万元，2015 年为 0.91 万元，相差不大。从 2010 年到 2015 年样本农户从银行贷款的用途结构发生了很大变化，但主要用途未变。相较 2010 年而言，2015 年从银行贷款用于农业生产的比重在下降，而生活消费和非农经营的比重明显上升（见图 1）。

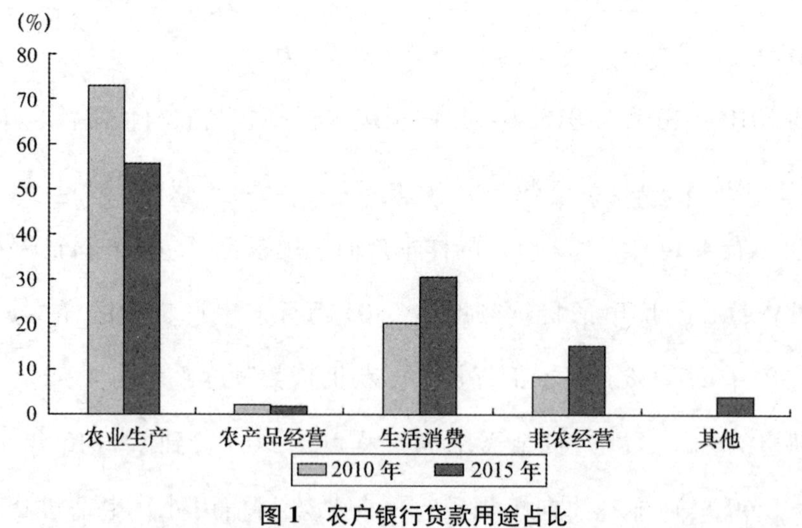

图 1　农户银行贷款用途占比

第三，农村商业银行和信用社是满足农户借贷的主要金融机构，贷款期限以中短期为主，难以满足农户多样化资金需求。目前农户向正规银行申请贷款的主要来源是农村信用社（包含农村商业银行和农村合作银行），其他正规金融机构参与程度不高，村镇银行、小额贷款公司以及合作金融组织依然发育不足。2010 年、2015 年样本户获得银行贷款的机构类型都是以农村信用社为主，超过了 80%，而“工、农、中、建”等国有银行占比较低（见图 2）。

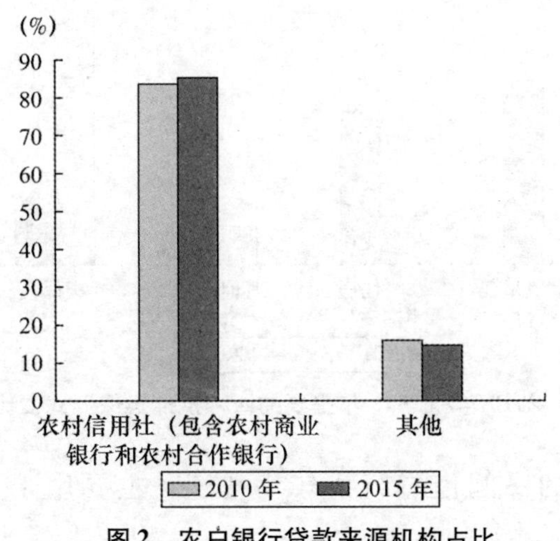

图 2　农户银行贷款来源机构占比

2010 年，从银行获得贷款的样本户平均贷款年利率约为 2.7%，平均贷款期限 12 个月，其中 80% 获得贷款的样本户为 10 ~ 11 个月的贷款期限。2015 年，从银行获得贷款的样本户平均贷款年利率约为 4.2%，平均贷款期限为 22 个月，其中 58% 获得贷款的样本户为 10 ~ 11 个月的贷款期限。

第四，农户借贷抵押担保比例逐步增加，2010 ~ 2015 年农户抵押担保形式发生了较大的变化。2010 年有 46% 的获得贷款的样本户有抵押或担保，这一比率到 2015 年上升到了 64%。2010 年主要的抵押或担保形式为“担保人”（68.18%），其次是“农村住房财产权”（11.36%）、“联保贷款”（11.36%）和“其他固定资产”（9.09%）。2015 年主要的抵押或担保形式转变为“农村土地承包经营权”（43.24%）、“农村住房财产权”（37.84%）和“担保人”（13.51%）（见图 3）。

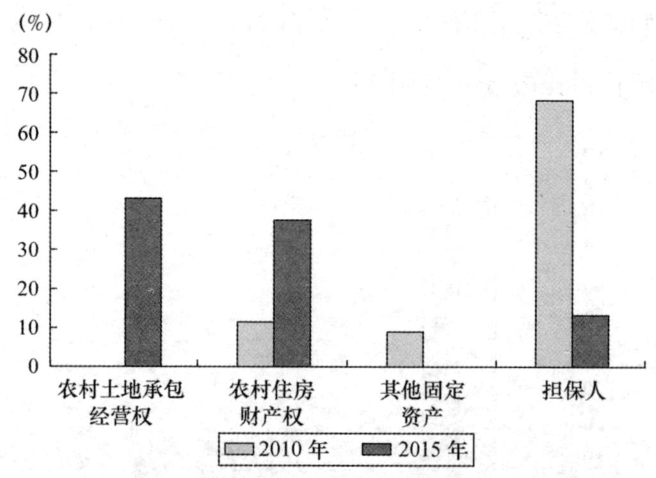

图 3　2010 年和 2015 年主要的四种抵押担保形式占比

第五，农户的民间借贷行为较为普遍，主要用于生活消费。有 9.3% 的样本户在 2010～2015 年间，有过私人借贷行为。2010 年，有私人借款行为的样本户中，平均借款利率为 1.3%，但多数以免利息为主，样本户中零利率的借款占到 65.63%。2015 年，样本中私人借款的平均利率为 4.26%，免息借款比例下降到 47.37%。

2010 年农户民间借贷的主要用途是农业生产，生活消费处于次要位置。到了 2015 年，农户民间借贷主要用于生活消费的居多，已经接近 60%（见图 4）。另外，相比较农户从银行贷款的用途来看，民间借贷行为用于诸如建房、婚丧嫁娶等用途居多，而向银行贷款多用于农业生产经营居多。

第六，农户民间借款的满足程度高于银行贷款，私人借贷普遍没有

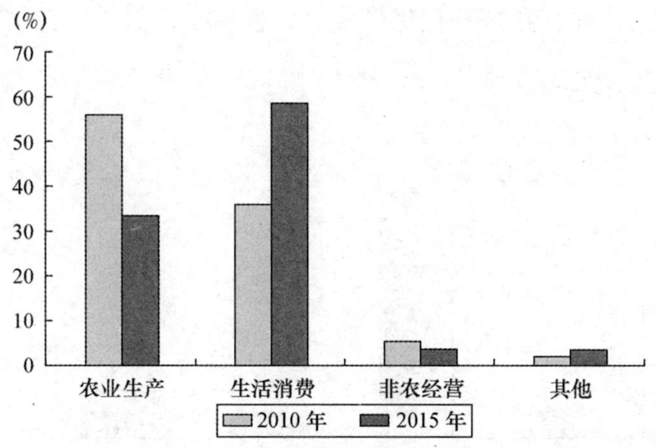

图 4　农户私人借贷资金用途占比

抵押担保。2015 年民间私人借款的需求满足程度为 95.26%，略低于2010 年的 96.75%。同时农户的民间借贷资金需求的满足程度普遍高于向银行贷款的满足程度，例如，2015 年银行贷款的资金满足程度仅为55.4%。可以说，民间借贷是正规金融渠道的重要补充。

调查显示，2010 年、2015 年农村私人借贷行为无抵押担保的居多，占 90% 以上（见图 5）。部分向专业民间借贷人借款的需要抵押和担保。

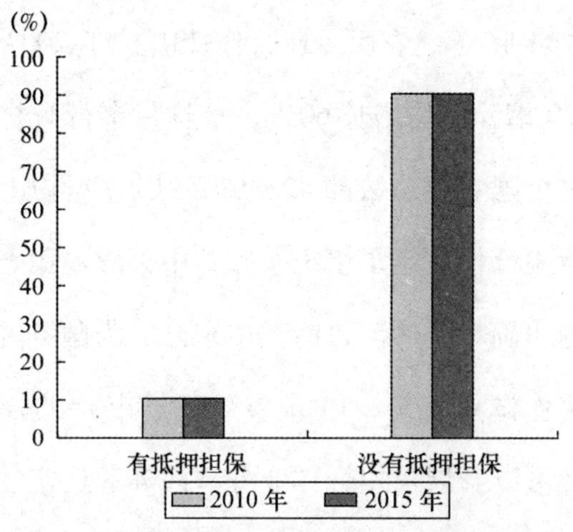

图 5　农户私人借贷需要抵押担保比率

同时可以看到，在存在抵押担保借贷时，普遍是担保人担保借款，且呈上升趋势（见图6）。

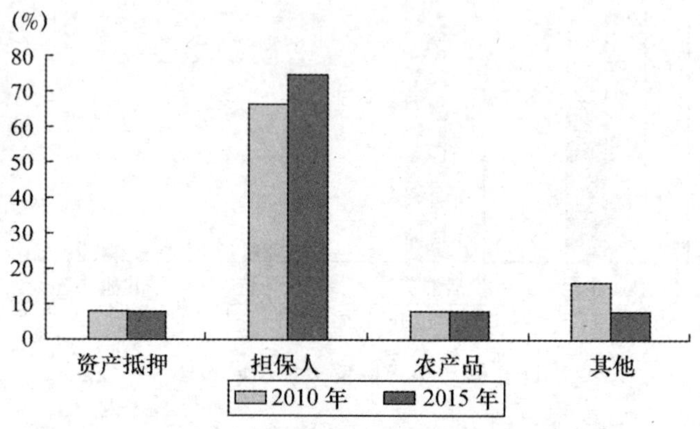

图6　农户私人借贷需要抵押担保的类型占比

二、农民合作社内部信用合作实践及其主要模式

近年来，我国农民合作社发展迅速、规范化程度不断提高。据农业部经管总站统计，截至2016年12月底，全国依法登记的农民合作社达183万家，是2007年底（《农民专业合作社法》于2007年7月1日起正式施行）的近70倍，年均增长60%，平均每个行政村有超过3家合作社；入社农户占全国农户总数的42.8%，社均成员61户。农民合作社的发展为开展信用合作奠定了组织基础，中央对农民合作社开展信用合作的支持越来越明确和具体。目前，山东已成为国务院批复的全国唯一的合作社信用合作试点省份，14个省（区、市）的合作社地方性法规明确规定合作社可以开展信用合作业务，江苏、辽宁、安徽等地还专门制定了开展信用合作的指导意见或管理办法。

（一）农民合作社开展内部信用合作是其自身发展的必然要求

1. 合作社发展内部信用合作有助于破解合作社及其成员的融资难、融资贵难题

合作社及其农户成员的融资难和融资贵难题长期以来难以缓解，主要原因在于合作社及其农户成员缺乏规范财务数据和抵押担保物，加上农业生产经营项目风险较大，银行对其贷款意愿不强。合作社借助成员间经济社会关系，开展内部信用合作，发挥成员产权激励和治理参与的作用，可以有效缓解信息不对称所引发的逆向选择和道德风险问题，成为缓解农民融资难的重要途径。

2. 合作社内部信用合作有助于农村区域资源的有效配置

作为最重要的内源融资，信用合作无疑将在合作社升级发展中发挥其资源配置与风险管理的重要作用。过去有一种误解，认为信用合作就是为了单纯解决合作社内部成员缺资金的问题。但应该注意到，发展信用合作还应与资源配置、产业升级及风险管理等联系起来。从本质上讲，信用合作就是金融活动，它理应成为促使合作社发展升级的“压力”机制，即信用合作可以发挥类似于金融机构与金融市场那样的筛选项目和管理风险等金融功能，发挥优胜劣汰、引领升级的导向作用。

3. 合作社内部信用合作有助于提升农民的自我发展能力

让农民自己办属于自己的合作金融，是尊重农民自身经济、金融发展权利的重要体现。在农民合作社基础上发展信用合作，从金融层面真正保证了农民发展何种产业、选择何种项目的选择权利，即经济主导权是掌握在农民自己手中的。同时，通过合作社内部信用合作，还可以增强合作社吸引力，并逐步培养农民的合作意识，逐步提高农民的组织化水平。

（二）农民合作社内部信用合作发展总体情况

近年来，民间自发形成的、具有扶贫性质或依托农民专业合作社而建立的非正规农村合作金融组织纷纷出现。尽管 2007 年实施的《农民专业合作社法》并未对其内部信用合作作出规定，但不断发展的实践使这一新生事物得到有关部门重视。中央对民间合作金融特别是农民合作社内部开展信用合作高度重视。2008 年，党的十七届三中全会提出“允许有条件的农民专业合作社开展信用合作”，这是我国首次以中央文件形式允许合作社开展信用合作业务。自 2009 年以来，中央文件多次对农民合作社开展信用合作提出具体要求，相关部门也将农民合作社内部开展信用合作业务作为农村金融领域的重要抓手，积极开展试点，及时总结经验。农业部配合银监会下发专门通知，要求加强合作社信用合作监管、推动地方落实监管指导职责，引导合作社规范有序开展信用合作。目前，江苏、辽宁、安徽等地制定了开展信用合作的指导意见或管理办法，有些地区的合作社地方性法规明确规定合作社可以开展信用合作业务。此外，经国务院同意，山东省开展了合作社信用合作全省试点，安徽金寨、广西田东、湖南沅陵等国家农村改革试验区也积极探索合作社信用合作的发展道路。

2014 年农业部就全国各地农民合作社开展内部信用合作的情况进行了一次摸底统计。据各地上报统计，全国开展信用合作的合作社有

2159 家，合作社成员有 52.6 万人，其中参与信用合作的有 19.9 万人；累计筹资 36.9 亿元，累计发放借款 42.4 亿元；逾期借款 2418.03 万元，占发放总额的 0.57%。

1. 在合作社规模上，开展信用合作的合作社规模较大

开展信用合作的合作社社均成员 243 个，是全国平均规模的 3.2 倍，其中平均每家合作社参与信用合作的成员达到 92 个。在开展内部信用合作的合作社中，示范社占据较大比重，有 871 家合作社是示范社，占 40.34%。其中，国家级 76 家，省级 170 家，地市级 331 家，县市级 294 家（见图 7）。例如，湖北有 49 家合作社开展了信用合作，其中有 41 家为各类示范社，占比 83.67%。

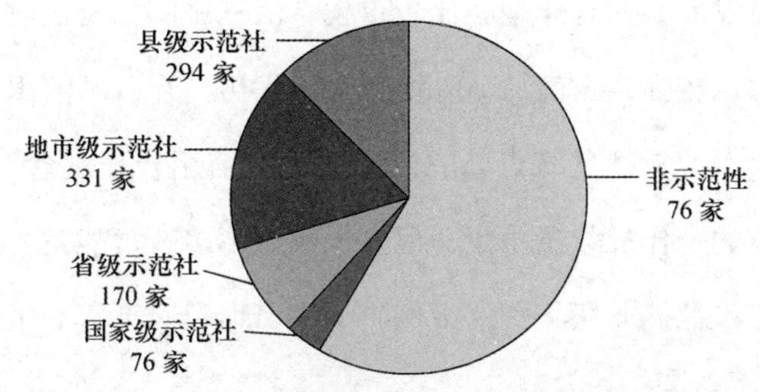

图 7　开展信用合作的农民合作社示范社构成图

2. 在区域分布上，开展信用合作的农民专业合作社地域分布不平衡

有 23 个省（区、市）的合作社开展了信用合作，其中东部地区 8 个，中部地区 7 个、西部地区 8 个。从合作社数量上看，东部地区最多，有 1175 家，占总数的 54.42%；中部地区有 249 家；西部地区有 735 家（见图 8）。

从具体省份来看，居于前 3 位省份的合作社数量占全国的 63.87%，依次是山东 513 家、浙江 458 家、云南 408 家。60 家以下的

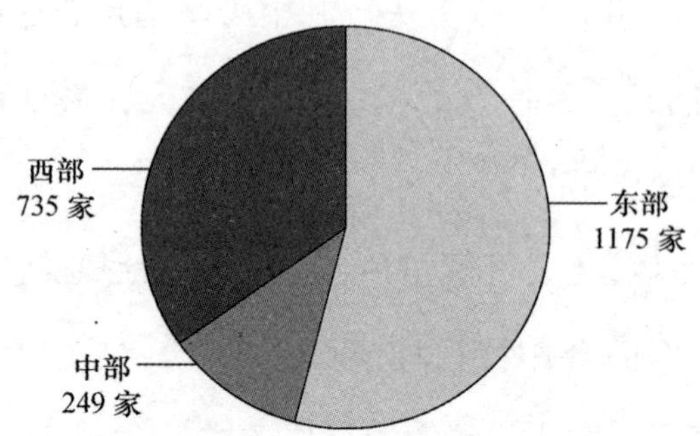

图 8　开展信用合作的农民合作社地区分布图

有 17 个省份，8 个省份在 10 家以下。

从调研情况看，山东、浙江、云南 3 省合作社开展信用合作的数量较多，原因各有不同：山东合作社发展较快，数量占全国总数的 1/10，并且省政府对发展农村合作金融比较重视；浙江民间借贷比较活跃，农民信用合作意识较强；云南从 20 世纪 90 年代初，开展以信用为基础的农村政策性小额信贷扶贫试点，农民有一定的信用合作观念。在河北，开展信用合作的合作社数量不少，但上报数量不多，可能是受近年来爆出一些假冒合作社搞非法集资的案例影响，当地政府部门对于信用合作比较谨慎。

3. 在产业结构上，开展信用合作的合作社以种植业和养殖业为主

开展信用合作的合作社大部分集中于种养业，占 82.3%，其中种植业占 56.9%、畜牧业占 23.3%、渔业占 2.1%。林业、服务业分别达 6.6%、3.5%。7.6% 的合作社从事加工、沼气等其他产业（见图 9）。

在种植业中，又以蔬菜、粮食、水果为主。其中，蔬菜类有 411 家，占 33.5%；粮食类有 340 家，占 27.7%；水果类有 265 家，占 21.6%；油料等其他类合作社有 212 家，占 17.3%（见图 10）。

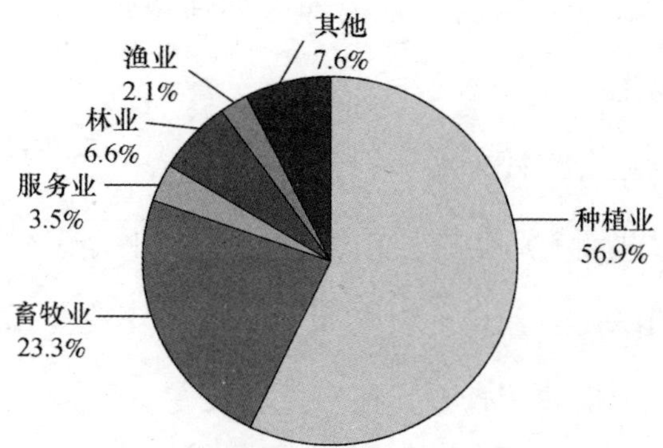

图 9　合作社开展信用合作产业分布图

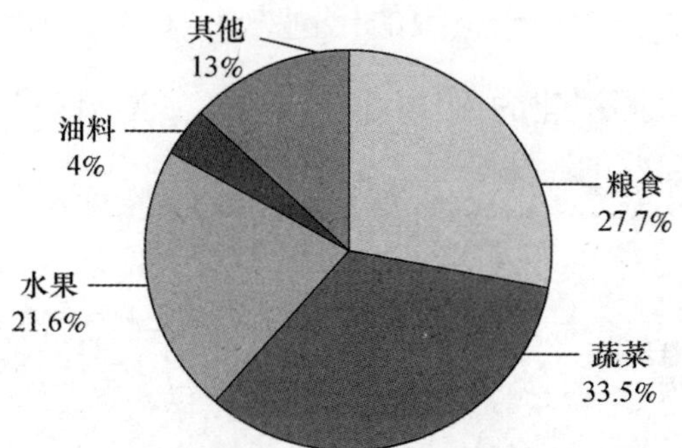

图 10　种植业合作社开展信用合作产业细分图

在养殖行业中以畜牧业为主，涉及生猪、禽业、肉牛羊、奶业等。其中，生猪有 185 家，占 36. 8%；禽业有 118 家，占 23. 5%；肉牛羊有 112 家，占 22. 3%；奶业有 12 家，占 2. 4%（见图 11）。

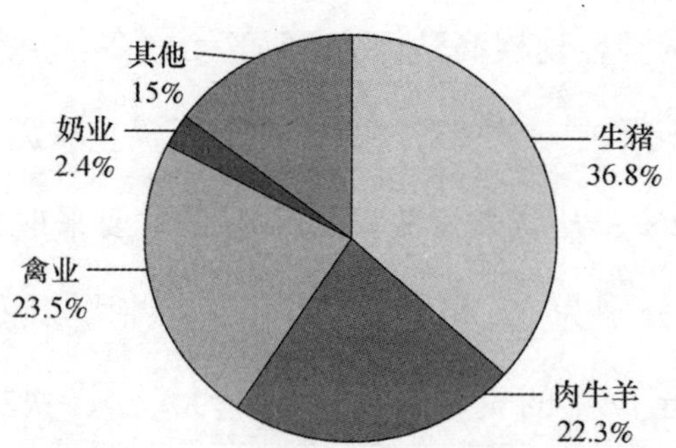

图 11　养殖业合作社开展信用合作产业细分图

4. 在组织形式上，以合作社内部开展信用合作和依托合作社建立信用合作组织为主

依托农民专业合作社开展信用合作的主体，有的是专业合作社的内设部门（资金互助部），有的是相对独立于专业合作社的资金互助社；有的资金互助组织与专业合作社相重合，有的不完全重合。从 2010 年中国人民银行全国摸底调查看，在依托农民专业合作社开展信用合作的组织中，仅在专业合作社内部开展信用合作的比例为 46. 25%，依托专业合作社组建独立信用合作组织的比例为 46. 01%，而由专业合作社与其他企业、个人共同组建的占比仅为 7. 74%（见图 12）。

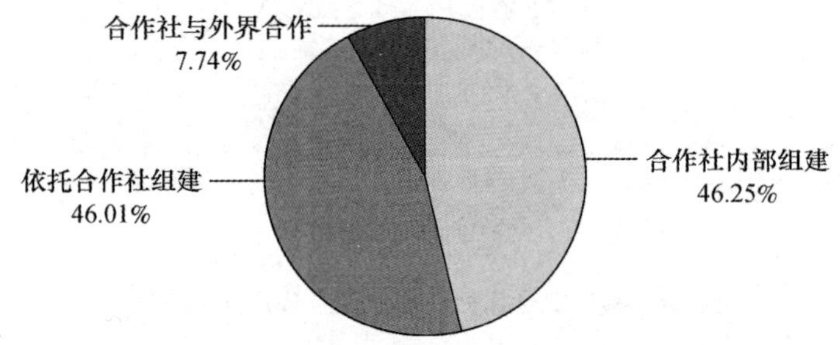

图 12　合作社开展信用合作的组织形式

5. 在资金运用上，以农户借贷为主

从 2010 年中国人民银行全国摸底调查看，依托农民专业合作社的信用合作组织可贷资金规模高达 375. 35 亿元，在各类组织的可贷资金规模（706. 34 亿元）中，占 53. 14%；在可贷资金来源中，农户出资占比最高，为 70. 12%；从贷款发放模式来看，主要采取信用贷款和农户联保贷款，占比分别为 67. 83% 和 27. 66%；半年以内的贷款占比为 60. 34%，6 个月至 1 年的贷款占比为 28. 94%；贷款主要用于农业生产，占比为 77. 62%；贷款支农和支小特征明显，户均贷款余额和累计笔均贷款额分别为1.31万元和1.57万元；盈利主要用于分红，占比为53.7%，其次为追加股本金，占比为18.7%（见表1）。

表1　农民合作社开展信用合作资金运用表

选　项	统计结果		选　项	统计结果		
可贷资金规模	依托合作社 53.14%	不依托合作社 46.86%	贷款发放模式	信用贷款 67.83%	联保贷款 27.66%	其他 4.51%
可贷资金来源	农户出资 70.12%	非农户出资 29.88%	贷款期限	半年以内 60.34%	6个月至1年 28.94%	其他 10.72%
贷款用途	农业生产 77.62%	其他 22.38%	盈余分配	分红 53.70%	追加股本 18.70%	其他 27.60%

资料来源：中国人民银行2010年全国摸底调查。

（三）农民合作社内部信用合作的典型模式

以开展的形式为标准，合作社内部信用合作可以划分两种类型：一是以农产品赊购赊销为主要形式；二是以资金互助为主要形式。

1. 赊购赊销型信用合作

这种类型的合作社内部信用合作的标的物是商品，由于商品具有明确用途，存在一定“资产专用性”，而且不涉及现金，故能够较好防范农户借款后的违约风险。结合资金用途和来源渠道两个维度，合作社内部信用合作可以分为产业链融资型、大户主导型和合作社担保型三种。

（1）产业链融资型。

此种模式比较常见，其基本运作模式就是：合作社通过内部开展信用合作，对社员购买农资进行赊销，社员将赊销的农资投入农业生产，等到农产品收获时，再通过与合作社进行交易，交易所得由合作社直接抵扣贷款。这种信用合作方式缓解了农民投入生产时购买农资的资金压力，但是存在农户不把农产品交给合作社销售的违约风险，对于某些以高品质农产品占领市场的合作社而言，农户的违约将给其造成较大的负面影响。针对此种情况，有些合作社通过内部机制设计，较好解决了上述问题。例如，正大牧业成立的合作社在采用上述赊购赊销业务时，赊销给农户的农资比市场价格要高出一定的百分比，收购农户农产品时也比市场价格要高出一定百分比，如果农户不将农产品卖给合作社，则会出现产品销售价格低而成本高，压缩了农产品利润空间，从而锁定了农户只能将产品交给合作社，才能保证拥有足够的利润。

（2）大户主导型。

这种类型多出现在以企业主导或是合作社理事长一股独大的合作社。合作社（或理事长）在信用合作的资金池中入资额占比较大，多数超过50%，其他社员占比较小。在社员生产需要农资时，免费给农户进行农资垫付，社员销售产品时返还贷款。如河北昌黎县嘉诚蔬菜种植专业合作社是秦皇岛市第一家国家级示范社，由龙头企业嘉诚实业集团领办。合作社基地种植面积3.6万亩（包括5个蔬菜基地和6个水果基地），涉及农户7000多户。合作社理事长张志刚早期从事采矿业，有一定的资金积累，持有合作社股份20%。合作社开展内部资金互助始于2008年，主要是进行农资赊销，后来资金互助规模逐年增加。目前，资金互助规模达到3300万元，840户社员参与了资金互助，占社员总数的95%以上，资金在社员之间封闭运行，具体工作由返聘的农信社主任负责。该合作社开展资金互助属于典型的“大户带小户”模式，体现的是大户对小户的帮扶。一是从互助金构成看，龙头企业投入互助金3000万元，占互助金总额的90%以上，其他社员共投入300万元，体现了典型的“大户带小户”特征；二是从资金成本看，存款利息0.5%，贷款利息0.9%，资金低进低出，不以盈利为目的，大体收支平衡，合作社并不靠资金互助赚钱。

此类合作社内部信用合作类型，需要资金大户具有一定的奉献精神，且具有较强的带动能力。同时，此种模式下，容易形成资金大户的绝对话语权。

（3）合作社担保型。

这种信用合作方式广泛存在于农民合作社和社员之间，核心理念是农民合作社为社员提供担保，社员从农资企业或合作社处赊购农资（农药、化肥、农膜、大棚等），产品获得收益后归还借款。由于合作社对本社社员个人信用信息比较了解，而且农资专用性强，一定程度上降低了借款的逾期风险。如山东省青州市家家富果蔬专业合作社开展内部信用合作，社员建设蔬菜大棚需要资金时，合作社通过资金互助业务，给农户发放贷款，但是钱不是直接发放到农户手中，而是合作社直接请施工方给农户建设蔬菜大棚。大棚的建设成本就是农户从合作社贷款的金额，农户通过在大棚中种植蔬菜，出售后还款。如果还不上，合作社还能将大棚作为抵押，也降低了借款的风险。

2. 资金互助型信用合作

资金互助本质上是利用成员闲散资金进行余缺调剂，以期为成员解决生产与生活中临时性资金短缺问题。按照银监会2007年颁布的《农村资金互助社暂行管理条例》，对农村资金互助社进行了定义，其中强调资金互助社成立须经银行业监督管理机构批准，学界称之为“合法”的资金互助社。事实上，如果按照农村资金互助的发起主体来划分，除了由银监部门批准设立的农村资金互助社外，目前广泛存在于我国农村地区的资金互助形式还包括依托农民专业合作社而建立的合作社内部资金互助业务、由供销社发起创办或领办的农村资金互助社、由扶贫办和财政部门联合开展的具有扶贫性质的扶贫资金互助社等。

（1）依托农民专业合作社建立的资金互助业务。

这种类型的农村资金互助业务在农村比较活跃。由于农民合作社在基层实践中的复杂性、多样性，依托农民合作社建立的农村资金互助业务也呈现出复杂性、多样性。有的在农民专业合作社内部，以生产合作为基础开展信用合作或资金互助业务；有的在农民专业合作社内部成员之间以入股形式成立专门的资金互助部；有的以合作社股金和从金融机构获得的货币贷款为互助金来源，向合作社社员发放贷款。按照资金的来源渠道，可以分为内部融资和外部融资两类。

①内部融资型。这种模式中，信用合作的资金池主要来自社员入股或者合作社自有资金。社员借款主要利用合作社的资金池，如果资金池中的资金用完，则无法再向社员发放借款。这类模式的最基本要求是以产业为基础，将农业生产经营与资金互助相结合，其有效性受农民合作社本质特征的影响，也受农民合作社内部成员（理事长、社员等）结构及行为特征的影响。

河北昌黎县恒丰果蔬种植专业合作社是国家级示范社。2011 年 12 月注册登记，注册资金 800 万元，拥有社员 534 人，社员人均纯收入在 2 万元以上，辐射带动农户 1480 户，拥有种植基地 1600 亩，采用“合作社 + 基地 + 社员”的运行模式。合作社内部开展资金互助始于 2012 年，资金池的规模约为 4400 万元。资金互助参与社员 400 多户（占合作社社员的80%），每年发放贷款400～500笔。在组织形式上，设有资金互助中心，有对外办理业务的柜台，4名专职人员（正副理事长、会计、业务员）。在参股类型上，分为资格股、流通股、投资股。资格股为500元/股，是资金互助活动的基础，所有参与资金互助的社员首先必须获得资格股。流通股人数较多，投资股参与人数不多（30～50人），资格股和投资股可参与项目设施建设，但需要承担一定风险。在分配方式上，不同股的分红方式不同。资格股保证基本利率（月息1分5），流通股主要按比例和盈利情况进行分红，投资股主要按具体投资项目的盈利情况分红。在风险防控上，主要采取担保方式（个别有抵押），担保人并不限于社员，借款金额为1万～50万元不等，10万元左右居多。合作社为社员购买意外伤害等保险约10万～20万元/年。在组织决策上，具有典型的理事长管理特征。小规模的借款基本由理事长说了算，金额较大的由社员代表开会讨论决定。同时，互助资金规模“量出定入”，不以吸收存款为目的，由理事长把控。在资金回报上，在吸收资金成本方面主要参考农信社、银行等金融机构利息，但比农信社存款略高一些。贷款利息为月息1分3左右。在盈余分配上，资金互助业务在2012～2013年亏钱，在2014～2015年盈利，2016年盈利200万元左右，扣除呆账准备金和公积金后主要用于分红。

这个合作社案例属于典型的能人管理型。从我们的调研结果看，在这类的合作社中，没有严格按照中央一号文件要求的“封闭不对外、吸股不吸储、分红不分息”的原则运行，基本上是由合作社理事长说了算，存在一定的金融风险，但从满足社员资金的渠道上来看，都是以合作社的资金池为主要资金来源，没有向银行等金融机构融资来扩充资金池。

②外部融资型。这种模式是指社员与正规金融机构发生借贷关系，专业合作社为社员提供担保。这种模式可以解决单纯依靠内部资金互助不能满足社员融资需求的难题。目前有依托社区的担保互助和依托产业协会的担保互助两种类型。

福建沙县依托社区的担保互助模式具有典型意义。他们的具体做法是如下。首先，设立社区型融资担保基金，由村民代表大会表决同意设立村级融资担保基金，资金来源以农户入股为主、县乡财政注资为辅，参加的农户每户交1万~2万元的股本；县政府对此类基金，每个注资10万元，作为“风险拨备金”，与农户缴纳的股金一起存入农商行。其次，正规金融机构按照担保基金一定的比例发放担保贷款。如农商行以存入的基金作为基数，按照5倍的比率确定该基金可担保的贷款总额，并按照入股金额的2~5倍对每个股东设定授信额度。

湖南沅陵县依托产业协会的担保互助也具有典型意义。沅陵县麻溪铺镇由5~6个产业的种养大户发起组建了产业信用协会。具体运作如下。一是协会保证金由会员的信用保证金和财政补贴共同组成。目前30名会员每个会员自愿缴纳0.5万~5万元，会员共缴纳保证金20万元，财政配套20万元，共计40万元保证金。二是正规金融机构按照产业信用协会保证金的一定比例发放担保贷款。以产业信用协会的名义将融资担保金存入当地农商行，农商行按照10倍放大，向产业信用协会授信400万元贷款额度。三是由农商行和产业信用协会对参与协会的会员资产、信用、品行等情况进行联合审查，进行评级授信，不同评级与授信额度直接挂钩。单个会员单笔贷款额不超过10万元，10万元以上除由产业信用协会承担贷款联保责任外，还要由入会会员为产业信用协会提供反担保。这种将抵押贷款变为担保贷款的方式，可以作为解决大户贷款难问题的一种尝试。由于福建沙县是全国的农村改革试验区，金融环境较好，试验条件较为优越，向全国探索并作为一般性模式时还需要进一步论证。

（2）依托供销社发起的农村资金互助业务。

供销社具有自上而下的体系，资金实力雄厚，又具有独特的市场渠道，发展农民合作社具有得天独厚的优势。2015 年党中央国务院出台了《关于深化供销合作社综合改革的决定》，其中对供销社开展合作金融给予厚望。各地供销社在开展综合改革的过程中，对农村合作金融均进行了有益的尝试。山东省明确提出要以合作金融业务为重点，建立符合农村实际的新型合作金融服务体系。实施“农村合作金融服务创新工程”，坚持以供销社组织体系为基础，按照社员制、封闭性原则，在不对外吸储放贷、不支付固定回报的前提下，依托农民合作社发展农村资金互助合作，稳妥推进农村信用互助合作组织建设。目前中国供销合作社在农村创办和领办的合作社数量较多。

从调研了解的情况看，供销社在不同行政层级其法人属性不一样，如国家、省、市级层面属于机关法人，县一级属于事业法人，乡镇一级属于企业法人，而供销社建立的合作社内部信用合作业务也较为复杂，有的乡镇一级成立专业合作社，往县级延伸成立专业合作联社，资金互助业务也从乡镇一级往上延伸到市县一级，资金的来源既是社员入股，也有供销社投入的资金。其中，供销社资金有的是国家财政资金，有的是供销社下属企业资金，有的是从社会上吸引过来的资金，资金来源成分复杂。从互助金用途上看，有的用于发展专业合作社自身的生产经营，有的用于满足社员的消费需求，有的由供销社自己使用。

（3）由扶贫部门开展的互助资金试点。

2006 年，国务院扶贫办和财政部联合出台了《关于开展建立“贫困村村级发展互助资金”试点工作的通知》，探索财政扶贫资金使用管理的新机制和新模式，由政府安排一定数量的财政扶贫资金，在贫困村内建立互助资金，村民以借用方式周转使用互助金发展生产。

扶贫互助资金运作要求不以盈利为目的，并规定了一系列有利于贫困农户的借款细则，如小额、短期，明确规定必须有 50% 以上的贫困户入社。经过 10 多年的运行，参加资金互助社的贫困户占比为 50. 0% ，获得借款占比为 62. 2% ，体现了扶贫帮困的基本宗旨和发展理念。虽然农村扶贫互助资金运行模式还存在各地发展不平衡、互助资金规模较小、激励机制不健全、管理能力有待加强等问题，但村级扶贫互助社在发挥扶贫帮困作用方面的确起到了积极作用，特别是对农村社区的发展从各个方面均取得了显著成效。

安徽省岳西县青天乡同心村扶贫互助资金组织在实施互助资金项目后，成员利用借款发展适合当地气候特征的农产品，通过调整产业结构，使得同心村人均年收入提高到 3000 余元，是过去的 4 倍，人均增收 400 多元，贫困人口也基本消除，实现了经济效益、社会效益、生态效益三丰收。特别是增强了村民的民主管理意识。通过管理扶贫互助资金，采取“一事一议”的办法，村民团队意识，诚信意识越来越强烈。如村内一条 800 米的道路，因为有两户人家不愿意配合，10 年都没修，现在大家坐下好好商量，思想做通了，不到一个星期，路就修好了，同时也促进了邻里团结。开展互助资金项目后，大家经常一起开会，商量资金和发展的事，成为和睦的好邻居。过去各人自扫门前雪，现在一人有事众人帮。村民程为国 2016 年卖高山蔬菜人手不够，村里一招呼，男女老少齐上阵，很快就解决了问题。

（四）农民合作社内部信用合作的运行机制

从其本质来看，农民合作社内部信用合作其实是合作社服务功能的拓展，由原来为社员提供生产、供销和技术服务，拓展到为农民提供资金调剂，解决社员资金需求。虽然各地开展信用合作的农民合作社数量十分有限，但在资金筹集使用机制、收益分配机制、经营风险防控机制等方面也形成了一些经验。

1. 资金筹集使用机制

资金来源渠道一般可以分为内部渠道和外部渠道，从调研情况看，大部分合作社开展信用合作的资金主要是通过社员入股方式筹集，只有少数合作社获得外部的财政支持和社会捐赠。在内部资金筹集上，主要有两种形式，一种是利用成员加入合作社所认购的股金，通过不断积累形成一定规模的信用合作资金，借贷给资金缺乏的社员。例如，厦门琴鹭合作社把社员入股划分为资格股和流动股两种。资格股是按规定缴纳的成员身份股，资格股每股每年股金为 2400 元，每位社员可以拥有多股，5 年之后方可申请退股，股金决算后进行分红和返回；流动股是一次性投资入股，主要以盈利为目的，每年按股金和收益情况分红。第二种是鼓励社员将销售收入的一部分留作信用合作资金，在成员之间相互调剂。福建建瓯市光祥莲子合作社，有 400 多个社员，年销售收入 3500

万元。2011 年起，鼓励社员将暂时不用的莲子销售款存放到合作社，作为互助资金。2014 年互助资金规模达到 300 多万元。从我们调查的情况看，通过入股认缴股金相对较多。

合作社信用合作资金筹集总规模较少，社员入股股金金额不大。但由于合作社社员入股积极性不高，入股资金数量一般不太大。据农业部经管总站统计结果，2159 家开展信用合作的农民专业合作社，社均筹集资金 170 万元，人均出资仅 0.9 万元。如厦门琴鹭合作社的入股资金仅为 100 万元，而建瓯光祥莲子合作社，尽管每年成员销售额 3500 多万元，但入股资金也仅有 300 万元。在入股股金中，合作社理事长和核心成员一般占较大比例。如在云南曲靖沾益县盘江山水种养殖合作社开展内部信用合作，社员入股资金 134 万元，其中，理事长李桂林入股 40 万元，占比近 30%。但也有少数合作社对单个成员缴纳资金的最大比例进行了限定。辽宁永得利绿色蔬菜专业合作社规定，单个农民或自然人认证股金总额不能超过股本金总金额的 10%。资金筹集频率主要根据合作社产业特征来确定，种植业的合作社一般按照生产季节 1 年筹集 1 ~ 2 次，养殖业合作社按照养殖周期 1 年筹集 2 ~ 3 次，从事多年生特色种植的合作社一般 2 ~ 3 年筹集 1 次。

2. 资金借贷机制

从调查情况看，开展信用合作的农民合作社都能够遵循“内部性”的原则，只允许合作社内部成员参与借贷。多数都参照金融部门的做法，建立了较为严格的借款申请、论证、审批及担保制度，基本上都能够做到“借前调查、借中审查、借后检查”。且借款运作过程较为快捷，社员最快在一天内就能拿到贷款。在借款额度和期限上，合作社根据资金筹集规模的不同，将单个成员借款控制在5万元或10万元以下，并坚持“前款不还，后款不借”的原则，且借款期限最长不超过1年。资金用途一般会以服务生产为主，有些合作社为保证资金用途的专一性，还会以生产资料的形式发放贷款，但也有部分合作社将少量资金借给农民缓解生活上的难题。合作社成员使用信用合作资金一般都会收取资金使用费，其标准往往参考同期农村信用社同档利率，但大部分合作社实际执行的资金使用费标准要高于银行同期贷款利率。如山西平遥峰威合作社，资金使用费按略高于信用社同期同档贷款利率标准收取；但对于信誉好的优等社员或5万元以下的小额借款，经论证评估、集体会办，其费率标准可参照金融部门农户贷款优惠利率适当下浮。

3. 利益分配机制

合作社资金互助的利益分配机制的核心问题在于如何使成员不仅能享受到资金互助金融服务，而且还能得到资金互助环节中的初次分红和二次分红（周法法，2013）。尽管中央在政策上明确，合作社信用合作要分红不付息，强调对社员股金不得支付固定回报，但从调查情况看，合作社为了提高成员入股的积极性，往往承诺一定的最低收益或者分红，采取保底分红与浮动分红相结合的方式，将可分配收益按成员出资比例进行分红。由于各地合作社收益不同，分红率的差异也较大。除个别合作社因收益少而全部留作公共支出和积累外，北京、湖北、安徽、吉林等地合作社资金年分红率一般在4%以上。例如，安徽金桥合作社2013年的年收益102万元，除去工作人员的工资和日常管理开支外，剩余部分全部用于入股成员分红，分红率达17%；辽宁奕农禽业养殖专业合作社，入股3个月的社员按照银行1年期利率获取收益，入股 6 个月的按照银行 2 年期利率获取收益，入股 1 年则收益率为 10%。

4. 风险防范机制

虽然农民合作社开展信用合作是以农村“熟人社会”为基础，具有正规金融机构所无法相比的信息成本优势，还能利用农户在熟人关系中的社会资本加大借贷者的违约成本，有效降低信用合作的运行风险，但在实际运营过程中还是面临资金、信用、操作等各种风险，需要建立有效的防范机制。从调研情况看，除了限定借款人员、上限和期限、实行抵扣还款之外，开展信用合作的农民合作社还采取了一系列防范风险的措施，主要包括如下。

（1）担保制度。

主要有成员联保和抵押担保两种形式。成员联保就是成员借款需要 1 名或多名出资成员或合作社主要管理人员提供书面担保，且担保额不能超过担保人的出资金额；抵押担保就是成员借款时需要用土地承包经营权证、房屋产权证或银行定期存款进行抵押，一般借款金额不能超过抵押物的价值。

（2）财务风险防控制度。

主要是通过在银行开设专门账户，对信用合作资金进行专户管理，限定库存现金额度，并提留备付金、坏账准备金等，来保证资金的流动性和安全性。如山西平遥峰威合作社规定，以银行基本户为主要运行账户，不得多头开户，不得出借本社银行账户；大额资金收付金采取非现金结算，库存现金最高限额 5000 元，超限部分及时送存开户行；资金备付率正常保持 15%，其中定期存单占 8%；按资金投放年末余额的

1%提取呆账准备，年末盈余提留10%法定盈余公积、25%任意盈余公积，发生收不抵支时，以盈余公积或下年收益弥补。

（3）社员信用档案。

利用内部信用合作档案，记录成员借款、还款及违约等行为，并对成员信用进行评级。例如，湖北省武汉市荆地养蜂专业合作社联合社建立了个人信用档案，有良好信用记录的，联合社可以不定期地给予借款；有不良信用记录的，联合社给予提醒并停止借款支持。

（4）还款方式及违约处罚。

为保证社员能及时还款，除以现金形式还款外，大多数合作社利用为成员提供产前、产中、产后统一服务的便利条件，从成员产品销售款中直接抵扣借款。对于不能按期还款的成员，会派出专人进行调查，如社员因不可抗拒的天灾人祸造成借款逾期，经理事会、监事会核准，可以减息、免息、停息缓还直至核销本金。但对于故意拖欠的成员，合作社一般会采取加罚息、取消再次借款资格、降低信用等级等措施进行处罚。

此外，合作社为控制资金风险一般都会建立专门的管理部门和管理制度，有专职的工作人员，并接受理事会、监事会及全体社员的监督。例如山西峰威合作社除建立相关管理和监督机构外，还设立了村和镇两级的论证员制度，主要负责对借款人的资金用途、信用程度、偿还能力、提供担保的方式和代偿能力等进行调查论证，并跟踪掌握借款人经营状况、到期还款能力，对到期投放款，提前书面或口头通知借款人，全程负责经论证投放资金的清收。农户借款必须接受村和镇论证员的双重论证，否则若发生违约风险，由论证人独自承担责任。

（五）农民合作社内部信用合作模式的特点

尽管农民合作社开展内部信用合作的模式多样，但总体看，还是存在一些共性的特点。

1. 依托产业开展信用合作

从农业统计数据看，各地上报的2159家专业合作社，其生产的规模化、专业化程度较高，为开展信用合作业务提供了良好的产业基础。其中，1228家合作社从事种植业生产，503家合作社以畜牧业为主，76家合作社主要提供社会化服务，142家为林业合作社，46家合作社开展渔业养殖，164家合作社涉及其他产业。辽宁灯塔市奕农禽业养殖合作社为了促进成员发展肉鸭产业，2009年开展信用合作，累计筹集资金706万元，根据养殖量核定借款额度，直接兑换成鸭苗、饲料、疫苗等生产资料提供给成员发展生产。

2. 有威信高、能力强的领办人

从调研情况看，开展信用合作的合作社，大多数是由农村能人、村组干部牵头领办的，他们不仅在生产经营、组织管理、市场开拓等方面具有较强的能力，还有很高的群众威望，有些被选为各级人大代表、政协委员，增强了成员参与信用合作的信心。辽宁西丰县永得利绿色蔬菜合作社理事长梁仁德是辽宁省政协委员、劳动模范，带头参加信用合作，个人出资10万元，并发动成员积极参与，累计筹资261.6万元，发放贷款254万元。

3. 资金来源于成员并服务于成员

从农业部统计数据看，累计出资成员41.4万人次，累计筹资36.9

亿元，平均每家合作社筹资 170. 9 万元，90% 以上资金来源于成员。累计为 14. 5 万人次发放借款 42. 4 亿元，全部用于成员发展产业。甘肃张掖市前进奶牛专业合作社有成员 586 人，参与信用合作的成员人数为 567 人，累计筹集资金 3305 万元，累计发放借款 3665 万元用于成员扩建奶牛标准化规模小区及引进优种荷斯坦奶牛。云南通海县天绿蔬菜合作社有成员 630 人，参加信用合作的成员 455 人，8 年累计筹集资金 6345 万元，累计发放现金 3275 万元，购销生产资料 3400 万元，支持成员种植蔬菜。

4. 具有明显的自发性

除北京、辽宁、吉林、安徽、江苏、山东等省市有部分合作社经地方政府批准开展信用合作试点之外，其余皆为合作社自主开展。一些合作社参照银监会出台的资金互助社的管理办法，结合本社实际情况，制定了信用合作的管理制度。有些借鉴试点地区合作社开展信用合作的经验做法，细化了业务流程和操作规范。部分合作社通过成员大会，经过集体讨论，共同商量，制定了简便易行、风险可控的资金筹集使用办法。河南济源市百信专业合作社组织成员到吉林梨树县闫家村农民资金互助社实地学习，深切感受到了资金互助给农民带来的便利和实惠。该社借鉴闫家村农民资金互助社的做法，在合作社内部设立资金互助部，开展信用合作。

5. 根据成员需求灵活开展信用合作

从各地反映的情况看，是否开展信用合作、筹集资金规模和次数、借款额度和期限都是围绕成员发展生产需要来确定的，手续简便快捷、资金使用方式相对灵活，不需要抵押物，从申请到获得借款时间较短，能够及时满足成员贷款需求。例如，安徽太湖三村村土猪养销合作社成员陈晓雷反映，为了扩大养猪规模，多次跑银行贷款，由于银行要有抵押物或公务员担保，最终没贷到。后来参加了信用合作，提交申请的第2天就借到5万元，购买了100多头仔猪。

6. 较为重视风险防范

虽然农民合作社开展信用合作是以农村“熟人社会”为基础，具有正规金融机构所无法相比的信息成本优势，还能利用农户在熟人关系中的社会资本加大借贷者的违约成本，有效降低信用合作的运行风险，但在实际运营过程中还是面临资金、信用、操作等各种风险，需要建立有效的防范机制。从调研情况看，除了限定借款人员、上限和期限、实行抵扣还款之外，开展信用合作的农民合作社还采取了担保制度、财务风险防控制度、社员信用档案、还款方式及违约处罚等一系列防范风险的措施。

三、农民合作社内部信用合作存在的问题及面临的挑战

尽管我国农民合作社发展已经经过了10年历程，合作社内部信用合作也有了多元化探索，但无论自身发展还是外部环境，农民合作社内部信用合作都面临一些问题和挑战。

（一）合作社规范化建设程度不高

规范化运营的合作社是信用合作健康开展的重要基础。从整体上看，我国合作社发展初级阶段特征明显，多数地方出现了重数量、轻质

量的现象，以及内部制度缺失、组织管理松散、利益分配机制不够完善等问题。

如一些合作社没有及时填报并公示运行情况，据农业部内部统计曾有 18.4% 的合作社被列入经营异常目录；有些合作社虽有章程，但章程千篇一律，没有按章程实际运作；有的合作社有名无实、流于形式，处于休眠状态，甚至是“空壳社”“挂牌社”。这些都是合作社规范化建设程度不高的表现，制约了合作社功能作用的充分发挥。有的基层干部估计，当地注册登记的各类农民合作社中大约 50% 有名无实，剩下的 50% 当中有一半左右可以正常开展经营，但仍存在诸多不规范之处，这 25% 当中仅有一半左右的合作社制度还算健全、管理比较规范，收益分配关系相对清晰，也就是说仅有 12. 5% 的合作社规范化建设相对较好，而这 12. 5% 的合作社就是目前评定出的各级各类示范社。这种估计虽具有随意性，但访谈中多地的基层干部对此表示认同。按这种比例推算全国，目前农民合作社将近 180 万家，运行相对规范的合作社有 20 多万家，而这与全国的各级各类示范社数量大致相同。

合作社不规范的原因概括起来主要有三点。一是农民专业合作社登记注册门槛低，导致很多专业大户、家庭农场都可以登记注册合作社，甚至企业也可以注册合作社。这虽然加快了合作社发展的速度，但这些主体兴办的合作社中，由于众多农户属于挂名性质，对合作社经营漠不关心，合作社发展与建设动力不足。二是领域涉及广泛、领办主体多元、运行模式多样的特点对办社人员的能力和水平提出了挑战。三是一些地方政府盲目推动，合作社发展早期“下指标”“定任务”的政绩观，催生了一些名不副实的合作社。

合作社自身发展水平不高给拓展其服务功能，特别是由生产领域向信用领域延伸带来了难题。合作社规范化程度低，运行机制不完善，就难以赢得农民成员的信任，社员参加积极性就不高；合作社分配机制不透明，财务管理制度不健全，就难以确保信用合作健康开展，让农民持续受益。我们的调查表明，合作社内部管理不规范也存在于信用合作业务当中。如有的合作社吸收成员不履行程序，随意性较大，合作社民主管理落实不够，从而使得资金筹集、贷款发放、盈余分配等事项多由理事长或大股东决定，普通成员难以参与决策。

（二）专业人才严重不足

合作社发展需要领头人，开展信用合作更是需要专业人才。农民合作社信用合作是对农民筹集资金的合理运作，具有金融融资性质，涉及资金筹集、使用、管理等方面的知识，需要专业人才才能规范运行。合作社多处于农村地区，生产生活条件相对艰苦，难以吸引高素质管理人才，懂金融的更是少之又少。合作社多由农村能人发起，这些领办人虽然对农业生产、产品销售有一定的经验，但对现代管理、财务会计、金融知识等掌握不够，缺乏信贷风险管理控制意识，很难满足信用合作规范发展的需要。在财务管理方面，大部分合作社没有配备专职的财会人员，虽能够提供一定的会计信息，但记账凭证不及时、质量不可靠、会计账簿登记内容过于简单。有的合作社能够编制一些会计报表，但不完整、公开较少，且财务活动过于单一。还有的合作社根本没有设立成员账户，或者成员账户只记载初始投资额，后期的公积金量化份额、社员与本社的交易量（额）、年终分红等都没有记录，成了名副其实的“僵尸账户”。这些问题都是合作社专业人才不足的突出表现，也是困扰信用合作开展的一大难题。

从调研的情况来看，大多数合作社的信用合作业务由原有的经营管理人员代管。这些人员不具备专业的金融知识，在处理信用资金发放和收回过程中的调查、计划、决策、信息处理和风险管理等工作时，主要依靠管理人员的工作经验和对农民社员的个人了解。有的合作社信用合作制度设计本身就有问题，资金筹集额度过高，对借款额度没有限制；有的盲目对外投资，没有风险评估，存在潜在风险；有的合作社为了多筹集资金，承诺给予固定回报。由于缺乏必要的金融及风险管理知识，管理人员决策失误极易导致资金链断裂，引发“挤兑”危机。在调查中，我们发现专业人才缺乏的问题也同样存在于信用合作的监管部门。目前大部分地区信用合作试点的指导暂时由县农委负责，经管站承担主要工作，而经管部门同样缺乏金融方面的人才，无法对信用合作给予有效指导。

（三）资金筹措困难

合作社是农户社员的联合，是弱势群体的集合体。从社员角度看，农户经营分散，收入低且存款规模小，没有足够的资金投入合作社。这直接导致合作社成员普遍缺乏资金，在农业农村经济活动中更多扮演金融需求者，而非供给者。以农民参与信用合作的意图划分，可以分为有融资需求型社员、理财服务型社员、生产指导型社员。从现实来看，有借款意愿的融资需求型社员占多数，而有资金实力的理财服务型社员不足，资金供需很难匹配。

尽管近年来合作社从单一功能向多种功能拓展，综合化趋势加强，但本质上仍是同类农产品的生产经营者或者同类农业生产经营服务的提供者、利用者组成的专业性经济组织。因此，参与信用合作的成员产业基本相同，用款时间集中，进一步加剧了资金不足问题。

由于农业生产本身具有明显的周期性、季节性等特点，自然风险、管理风险和市场风险较大，加上合作社成立条件较为宽松，绝大多数不验资，导致银行、信用社等金融机构对合作社的市场主体地位认可度较低，合作社难以获得金融机构的信贷支持。实践中合作社开展信用合作的规模普遍较小，且主要来源是社员出资和政府项目补助金。例如，云南省曲靖市绿源康生态养殖专业合作社。该合作社于2010年成立了内部资金互助部，正式开展资金互助。资金互助部成立后，初期股本9万元。经过这几年的发展，股本扩增到60万元。其中包括：农户互助资金31万元；项目补助资金20万元；9个分社筹集互助资金9万元。

（四）外部监管责任不明

当前，中央文件虽然多次对农民合作社发展内部信用合作提出明确要求，但实践中信用合作的属性界定尚不清晰，也没有明确的主管部门，监管更是近乎真空状态。由于相关法律法规对于合作社内部信用合作的监管职责没有明确规定，加之我国金融管理上“谁审批谁监管”的惯例，各部门对合作社内部信用合作监管普遍缺乏积极性，对审批顾虑重重。

从调查情况来看，基层各有关部门的联合合作机制还没形成，均不愿意承担监管合作社信用合作职责。地方银监办、金融办虽有金融人才和对金融市场的监管经验，但人员有限，而且合作社内部的信用合作大部分难以达到银监会的农村资金互助社的设立标准，银监部门不愿意监管。农民合作社一般都在工商部门注册登记，但目前信用合作尚未纳入合作社的经营范围，也就没有进入工商部门的管理范围。工商局只管注册登记，不负责监管，如果要吊销合作社的营业执照，需要有公安机关认定其非法集资的函。农业部门尽管既懂农业又懂经济，在各个乡镇也有体系，但金融专业知识有所欠缺，法律上又没有赋予相应职责，想管也没有手段。监管职责不明，已经影响到合作社信用合作的正常运作。由于没有相关部门的审批和监管，实践中既有合作社内部正常开展信用合作被划为非法集资的情况，也有合作社异化为对外吸储和高息借贷的机构而无人监管的现象。

（五）缺乏执行标准和规范

农民专业合作社内部信用合作属于一种金融业务，具有一定的风险性，不仅需要行业自律，更需要相关部门制定标准和规范。自党的十七届三中全会以来，尽管中央多次强调允许合作社开展信用合作，但相关政府部门没有及时出台具体政策，以至于信用合作应具备什么条件、是否需要审批以及应遵循怎样的行为规范等都没有明确。开展内部信用合作业务的合作社多为摸着石头过河，自主探索，以解决自身发展或成员资金需要。这种状况的弊端显而易见，一些开展信用合作的专业合作社内部管理混乱，合作性差，大多是内部几个人控制。

2007 年银监会针对农村资金互助社所出台的暂行规定和示范章程，对资金互助社的注册资本、营业场所和管理人员都设置了相应的标准，但这套标准的运营成本太高，对于资金有限的农民合作社来讲根本难以承受。农业部虽然针对合作社内部信用合作提出了“坚持限于成员内部、服务产业发展、吸股不吸储、分红不分息”的四项原则，但仍缺乏具体的实施办法。从调研情况看，大部分合作社还未能以章程的形式规范信用合作，即使有的合作社制定了信用合作章程，在实际操作过程中也还存在一些不规范的地方。如有的合作社名义上限定在成员内部，但吸收社员时不设条件、不履行程序，实际上是随到随入社，使限于成员内部的要求形同虚设；还有部分合作社没有建立健全信用合作内部风险、坏账风险、挤兑风险等防控措施，对于风险金、备付金提取比例也差异较大。

（六）存在假冒合作社名义开展非法集资的问题

近年来，一些地区出现了部分团体和组织假冒合作社信用合作名义从事非法借贷甚至高息借贷的现象，个别甚至卷款跑路。这些冒牌合作社大多没有产业依托，为了吸引城乡居民存款，承诺远高于银行存款利率的固定利息作为回报，并违规开展高利率放贷或者风险投资。这种假冒合作社开展信用合作的潜在危害不容小觑。一方面，这些假冒合作社搞高息揽储、变相开展非法存贷业务甚至是高息借贷，最后往往是资不抵债、卷款潜逃，造成很多农民的存款血本无归，严重损害了农民利益，也对农村和谐稳定带来不利影响；另一方面，这些假冒合作社大多打着合作社信用合作的名义开展非法业务，混淆了非法借贷和合作社信用合作的概念，导致部分农民对合作社开展信用合作产生不信任感，甚至对合作社产生偏见，危及合作社事业的健康发展。

四、合作社内部信用合作对合作社经营影响的实证分析

我国的农村金融问题，一直是制约我国现代农业发展的瓶颈之一。国外经验表明，开展农村信用合作可以有效缓解农村金融需求抑制程度。近年来，合作社逐渐成为现代农业发展的重要组织形式，为农村合作金融提供了可行路径。党的十八届三中全会明确指出，允许合作社开展信用合作。2009 年以来中央一号文件多次提出明确要求，要鼓励农民专业合作社发展内部信用合作。实践中，部分合作社从农民需求出发，开展了形式不一的信用合作，增强了合作社的凝聚力。本文利用 2014 ~ 2015 年的国家农民合作社示范社认定与监测数据，从实证分析角度探讨合作社开展内部信用合作对其发展的影响和作用。

（一）合作社内部信用合作对合作社发展的作用

我国合作社内部信用合作的目的在于缓解成员融资压力，促进合作社健康良性发展，长期来看对合作社发展主要有以下作用。

一是合作社开展内部信用合作有助于增强其对成员的凝聚力，促进合作社发展壮大。合作社内部信用合作可以解决合作社成员经济活动中的融资困难，实现合作社内部资金的“血液循环”。一方面如果在土地

和劳动力的生产要素投入既定条件下，提高资金投入和使用效率，能够有效提升各合作社成员的经营规模效率；另一方面，如果资金使用能够得到充分有效满足，可促进成员对土地等其他要素的投入，积极扩大经营规模。

二是合作社开展内部信用合作有助于合作社把控产品质量、提升经营效益。合作社内部信用合作可以有效降低成员融资成本，具有较大的吸引力。特别是通过产业链金融，可以强化对成员的管理，能够严格要求成员生产经营的质量，提升合作社的品牌和经营效益。

三是合作社开展内部信用合作有助于增强合作社的经营稳定性。一方面，合作社内部本身相对封闭，开展内部信用合作可促进成员私人信息更加透明，有助于提升信息传递效率，增加成员间的合作水平和质量。另一方面，开展信用合作可缓解成员生产经营的资金压力和融资成本，在农村金融需求抑制的背景下，可降低成员因融资困难带来的风险和破产的概率。

（二）合作社经营效率计算和现状

1. 数据来源

本文数据来自农业部 2014～2015 年全国合作社示范社认定与监测数据。该监测统计共包含指标 50 余项，包括合作社理事长个人信息、合作社经营、合作社管理制度等多方面指标。由于该项监测样本不固定，考虑到不同农业产业经营的差异性，本文只选择样本中以粮食、蔬菜和水果三个产业为主业的合作社为样本，经过整理剔除无效样本后，将两年数据合并为 Repeated Cross Section 数据，合并后最终有效样本为

3109个合作社。该数据样本量较大，关于合作社经营管理类信息非常充足，地域上包括了除港澳台之外全国各省（市、区），能够较好地支持本文研究，客观地反映合作社开展内部信用合作对其经营效率的影响。

2. 合作社经营效率计算

本文通过DEA方法计算合作社经营效率（非生产），主要考察在合作社经营层面上的经营发展情况。一般来讲，由于农业产业差异，其生产效率计算存在较大差异，但如果将目标聚焦在合作社的经营发展层面则可比较其管理、经营等多方面的共性因素。在衡量合作社经营投入上，选取社员人数、固定资产价值和土地种植面积三项指标。在衡量合作社经营产出方面，选取合作社年经营收入和合作社社员年收入两项指标。具体结果见表2和表3。

表2　　按地区分合作社经营效率

地区	指标	均值	标准差	最小值	最大值
东部	综合技术效率（TE）	0.154	0.143	0.006	1
	纯技术效率（PTE）	0.365	0.176	0.015	1
	规模效率（SE）	0.41	0.209	0.082	1
中部	综合技术效率（TE）	0.127	0.118	0.003	1
	纯技术效率（PTE）	0.368	0.171	0.027	1
	规模效率（SE）	0.35	0.216	0.055	1
西部	综合技术效率（TE）	0.115	0.111	0.004	1
	纯技术效率（PTE）	0.393	0.19	0.019	1
	规模效率（SE）	0.296	0.203	0.024	1
平均	综合技术效率（TE）	0.133	0.127	0.003	1
	纯技术效率（PTE）	0.375	0.179	0.015	1
	规模效率（SE）	0.355	0.214	0.024	1

表 3　　按产业分合作社经营效率

产业	指标	均值	标准差	最小值	最大值
粮食	综合技术效率（TE）	0. 102	0. 089	0. 003	1
	纯技术效率（PTE）	0. 326	0. 149	0. 027	1
	规模效率（SE）	0. 329	0. 213	0. 024	1
水果	综合技术效率（TE）	0. 128	0. 116	0. 004	1
	纯技术效率（PTE）	0. 383	0. 176	0. 019	1
	规模效率（SE）	0. 339	0. 209	0. 029	1
蔬菜	综合技术效率（TE）	0. 158	0. 149	0. 006	1
	纯技术效率（PTE）	0. 4	0. 193	0. 015	1
	规模效率（SE）	0. 387	0. 215	0. 034	1
平均	综合技术效率（TE）	0. 133	0. 127	0. 003	1
	纯技术效率（PTE）	0. 375	0. 179	0. 015	1
	规模效率（SE）	0. 355	0. 214	0. 024	1

从表 2 的结果来看，样本合作社纯技术效率较高，平均为 0. 375，规模效率次之，均值为 0. 355，总体来看各效率值偏低，表明合作社经营效率总体水平不高，且合作社间存在巨大差异。按地区来看，只有东部地区合作社规模效率（0. 41）大于纯技术效率（0. 365），中西部地区规模效率均小于纯技术效率。且东部、中部、西部地区规模效率均值依次递减，分别为 0. 41、0. 35 和 0. 296。总体上表明，东部地区合作社经营规模更为合理，其发展质量层次更高，但也可以看出其发展的内部差异更大。

分产业看，粮食类合作社无论其纯技术效率还是规模效率，均低于水果和蔬菜类合作社（见表 3）。这一现象的内在原因在于，粮食附加值整体上要低于果蔬，导致与代表技术前沿的果蔬产业合作社的效率差异；单位产出的收益要远低于果蔬产业，一定程度上也与粮食价格持续走低相关。

（三）合作社内部信用合作对合作社经营影响的模型估计

1. 合作社内部信用合作作用的基本估计

本文将综合技术效率、纯技术效率、规模效率和合作社年营业收入分别作为因变量，考察合作社开展内部信用合作对其影响。如表 4 所示，合作社当年开展信用合作规模对合作社经营的技术效率影响系数不显著，对纯技术效率影响的系数为在 1% 显著性水平下为负，其背后原因需要进一步探讨。从表中可以看出信用合作对合作社经营的规模效率在 10% 的水平下显著为正，说明开展信用合作在一定程度上有利于合作社扩大经营规模，促进合作社向最优经营规模发展；信用合作对合作社年营业收入影响的系数在 5% 的水平下显著为正，表明合作社信用合作可以促进合作社经营业绩，一定程度上佐证了信用合作对合作社经营的规模效率的正向影响的作用。纯技术效率指与技术前沿的合作社的差距，上述分析结果表明，开展内部信用合作并未缩小合作社间经营上的技术差距，但可以促进合作社向其自身最优规模发展。

表 4　　合作社当年信用合作规模对合作社经营影响估计

变　量	(1) 综合技术效率	(2) 纯技术效率	(3) 规模效率	(4) 年营业收入
当年信用合作规模	-0.001 (-0.002)	-0.007*** (-0.002)	0.005* (-0.003)	0.025** (-0.012)
合作社存续时间	0.001 (-0.002)	-0.006*** (-0.002)	0.010*** (-0.003)	0.061*** (-0.011)
质量追溯制度	0.009 (-0.009)	-0.015 (-0.013)	0.038*** (-0.015)	0.164*** (-0.063)
生产记录档案制度	0.001 (-0.012)	0.008 (-0.017)	-0.006 (-0.02)	0.031 (-0.085)

续表

变　量	(1) 综合技术效率	(2) 纯技术效率	(3) 规模效率	(4) 年营业收入
质量管理制度	-0.011 (-0.008)	-0.027** (-0.011)	0.008 (-0.013)	0.111** (-0.055)
农资统一管理程度	-0.017** (-0.008)	-0.026** (-0.011)	-0.007 (-0.013)	0.065 (-0.054)
盈余返还比例	0.000 (0.000)	0.000 (0.000)	0.001* (0.000)	0.002 (-0.002)
理事长村干部身份	-0.016** (-0.007)	-0.007 (-0.01)	-0.036*** (-0.012)	-0.163*** (-0.051)
理事长社会职务	-0.006 (-0.005)	-0.032*** (-0.007)	0.019** (-0.009)	0.116*** (-0.037)
理事长教育程度	0.004 (-0.003)	-0.018*** (-0.005)	0.024*** (-0.005)	0.125*** (-0.023)
财政支持额度	0.000 (-0.001)	-0.008*** (-0.002)	0.007*** (-0.002)	0.036*** (-0.009)
产业虚拟变量	是	是	是	是
东西部虚拟变量	是	是	是	是
年份虚拟变量	是	是	是	是
常数项	0.126*** (-0.017)	0.474*** (-0.024)	0.226*** (-0.028)	6.081*** (-0.12)
样本数	2977	2977	2977	2977
R^2	0.0554	0.0717	0.1014	0.1378

注：***、**、*分别表示在1%、5%、10%的水平上显著。

考虑到合作社开展信用合作可能会存在一定滞后作用，即信用合作不仅缓解入社农户当期的生产经营情况，同时也有可能影响农户诸如固定资产投资等未来生产的决策意愿，所以我们再考察合作社上一期的内部信用合作对当期经营的影响。表5是合作社上一年度开展信用合作对合作社经营影响的估计结果，与表4的结果较为一致，与当期的影响相比，上一期的信用合作规模对合作社当期的影响未发生明显的变化。

表 5　合作社上一年度信用合作规模对合作社经营影响估计

变　量	(1) 综合技术效率	(2) 纯技术效率	(3) 规模效率	(4) 年营业收入
上一年信用合作规模	-0.001 (-0.002)	-0.008*** (-0.002)	0.006* (-0.003)	0.031** (-0.013)
合作社存续时间	0.001 (-0.002)	-0.006*** (-0.002)	0.010*** (-0.003)	0.060*** (-0.011)
质量追溯制度	0.009 (-0.009)	-0.015 (-0.013)	0.038*** (-0.015)	0.163*** (-0.063)
生产记录档案制度	0.001 -0.012	0.007 (-0.017)	-0.006 (-0.02)	0.033 (-0.085)
质量管理制度	-0.011 (-0.008)	-0.027** (-0.011)	0.008 (-0.013)	0.111** (-0.055)
农资统一管理程度	-0.017** (-0.008)	-0.026** (-0.011)	-0.007 (-0.013)	0.065 (-0.054)
盈余返还比例	0.000 (0.000)	0.000 (0.000)	0.001* (0.000)	0.002 (-0.002)
理事长村干部身份	-0.016** (-0.007)	-0.007 (-0.01)	-0.036*** (-0.012)	-0.163*** (-0.051)
理事长社会职务	-0.006 (-0.005)	-0.032*** (-0.007)	0.019** (-0.009)	0.115*** (-0.037)
理事长教育程度	0.004 (-0.003)	-0.018*** (-0.005)	0.024*** (-0.005)	0.126*** (-0.023)
财政支持额度	0.000 (-0.001)	-0.008*** (-0.002)	0.007*** (-0.002)	0.036*** (-0.009)
产业虚拟变量	是	是	是	是
东西部虚拟变量	是	是	是	是
年份虚拟变量	是	是	是	是
常数项	0.126*** (-0.017)	0.474*** (-0.024)	0.225*** (-0.028)	6.079*** (-0.12)
样本量	2977	2977	2977	2977
R^2	0.0555	0.0722	0.1017	0.1381

注：***、**、*分别表示在1%、5%、10%的水平上显著。

从控制变量的角度看，表 4 的结果显示，合作社的存续时间对合作社经营规模效率和年营业收入具有正向作用，即合作社的存续时间越长，其营业收入和规模效率也就越高。建立质量追溯制度对合作社的经营规模效率和年营业收入的正向影响也是显而易见的，合作社开展质量管理制度的影响也是类似的，对质量把控越严的合作社，对要素配置效率追求也就越高，年营业收入也就越高。理事长个人信息对合作社经营影响较大。理事长的村干部身份对合作社经营的规模效率和年营业收入的影响均显著为负，而理事长的社会职务对以上二者影响显著为正，但对纯技术效率影响为负。耐人寻味的是，财政支持额度对纯技术效率影响为负，对规模效率和年营业收入的影响为正，表明财政支持扩大了合作社间的差距，但有利于提高合作社经营效率以及扩大经营规模，值得进一步探讨。

2. 分行业考察合作社内部信用合作对合作社的经营影响

考虑到不同产业的合作社经营差异巨大，本文将分别考察信用合作对粮食、果蔬产业合作社的影响。表 6 和表 7 分别为粮食类合作社与果蔬类合作社内部信用合作规模对合作社经营的影响估计结果。结果表明，信用合作规模对粮食类合作社的经营影响不显著，但对果蔬类合作社纯技术效率影响显著为负，对规模效率和年营业收入影响显著为正。一个可能的解释是，以粮食产业为主业的合作社对资金需求相对较小，由于其机械化对劳动力替代程度相对较高，资金压力小，信用合作影响不大。而果蔬类合作社，附加值较高，工资成本、其他生产资料投入和季节性购销资金需求较大，对内部资金信用合作需求相对更高。果蔬类合作社开展信用合作虽然不会缩小合作社间的差距，但是可以有效提

表6 粮食类合作社当年信用合作规模对合作社经营影响估计

变 量	(1) 综合技术效率	(2) 纯技术效率	(3) 规模效率	(4) 年营业收入
当年信用合作规模	-0.001 (-0.002)	-0.001 (-0.003)	-0.003 (-0.005)	-0.024 (-0.021)
合作社存续时间	0.005** (-0.002)	0.002 (-0.004)	0.011** (-0.005)	0.059*** (-0.022)
质量追溯制度	0.000 (-0.012)	0.011 (-0.019)	0.011 (-0.028)	0.003 (-0.12)
生产记录档案制度	0.003 (-0.016)	-0.002 (-0.026)	0.003 (-0.037)	0.006 (-0.159)
质量管理制度	-0.012 (-0.01)	-0.051*** (-0.016)	0.026 (-0.024)	0.248** (-0.102)
农资统一管理程度	0.008 (-0.012)	0.018 (-0.019)	0.002 (-0.027)	-0.007 (-0.119)
盈余返还比例	0.000 (0.000)	-0.001 (-0.001)	0.002** (-0.001)	0.011*** (-0.004)
理事长村干部身份	-0.032*** (-0.011)	-0.025 (-0.017)	-0.063** (-0.024)	-0.222** (-0.106)
理事长社会职务	-0.002 (-0.007)	-0.042*** (-0.012)	0.049*** (-0.017)	0.259*** (-0.073)
理事长教育程度	0.003 (-0.005)	-0.015* (-0.008)	0.025** (-0.011)	0.107** (-0.047)
财政支持额度	-0.002 (-0.002)	-0.010*** (-0.003)	0.005 (-0.004)	0.027 (-0.018)
产业虚拟变量	是	是	是	是
东西部虚拟变量	是	是	是	是
年份虚拟变量	是	是	是	是
常数项	0.098*** (-0.022)	0.394*** (-0.035)	0.228*** (-0.051)	6.299*** (-0.219)
样本量	785	785	785	785
R^2	0.0344	0.0815	0.0992	0.1324

注：***、**、*分别表示在1%、5%、10%的水平上显著。

表7　果蔬类合作社当年信用合作规模对合作社经营影响估计

变　量	(1) 综合技术效率	(2) 纯技术效率	(3) 规模效率	(4) 年营业收入
当年信用合作规模	0.000 (−0.002)	−0.009*** (−0.003)	0.008** (−0.003)	0.048*** (−0.014)
合作社存续时间	−0.001 (−0.002)	−0.009*** (−0.003)	0.009*** (−0.003)	0.057*** (−0.012)
质量追溯制度	0.013 (−0.012)	−0.025 (−0.016)	0.051*** (−0.017)	0.231*** (−0.074)
生产记录档案制度	−0.004 (−0.016)	0.007 (−0.021)	−0.015 (−0.024)	0.04 (−0.101)
质量管理制度	−0.01 (−0.01)	−0.018 (−0.014)	0.003 (−0.016)	0.068 (−0.067)
农资统一管理程度	−0.022** (−0.009)	−0.037*** (−0.013)	−0.004 (−0.014)	0.102* (−0.06)
盈余返还比例	0.000 (0.000)	0.000 (0.000)	0.000 (−0.001)	−0.001 (−0.002)
理事长村干部身份	−0.01 (−0.009)	0.000 (−0.012)	−0.028** (−0.014)	−0.151*** (−0.058)
理事长社会职务	−0.009 (−0.007)	−0.031*** (−0.009)	0.006 (−0.01)	0.064 (−0.043)
理事长教育程度	0.005 (−0.004)	−0.019*** (−0.006)	0.026*** (−0.006)	0.138*** (−0.027)
财政支持额度	0.001 (−0.002)	−0.008*** (−0.002)	0.008*** (−0.002)	0.039*** (−0.01)
产业虚拟变量	是	是	是	是
东西部虚拟变量	是	是	是	是
年份虚拟变量	是	是	是	是
常数项	0.180*** (−0.022)	0.577*** (−0.029)	0.260*** (−0.033)	5.983*** (−0.139)
样本量	2192	2192	2192	2192
R^2	0.0294	0.0444	0.0942	0.1479

注：***、**、*分别表示在1%、5%、10%的水平上显著。

升经营的规模效率，促进合作社达到最优经营规模或在既定规模下达到最优产出水平，从而提高相应营业收入和利润。

3. 稳健性检验

为了检验以上估计的稳健性，除了表6和表7按产业分样本的估计外，本文拟用工具变量法重新估计当年信用合作规模对各效率值和年营业收入的影响。主要考虑可能存在的内生性问题：一是遗漏了重要变量，即以上模型可能存在遗漏了对合作社经营效率和年营业收入影响的重要变量，从而估计结果是有偏的；二是双向因果效应，即可能存在效率越高的合作社更有可能开展信用合作或者信用合作规模更大，从而产生了双向因果效应。据此，我们考虑选定合作社当年和上一年度贷款余额作为工具变量，因为合作社是否能够贷到款以及贷款的额度一定程度上可衡量出合作社的融资能力，与合作社开展信用合作相关。但合作社经营效率等不一定影响贷款余额（尤其是上一年的贷款余额）。诚然，该工具变量并不完全是严格外生的，但也在一定程度上减轻了外生性。从表8的结果来看，与上文估计结果的方向基本一致，系数值变大，也就是说合作社内部信用合作规模对合作社的经营效率影响变得更大。

表8　合作社当年信用合作规模对合作社经营影响工具变量估计

变　量	(1) 综合技术效率	(2) 纯技术效率	(3) 规模效率	(4) 年营业收入
当年信用合作规模	0.022 (-0.028)	-0.179*** (-0.065)	0.226*** (-0.081)	1.389*** (-0.457)
控制变量	是	是	是	是
产业虚拟变量	是	是	是	是
东西部虚拟变量	是	是	是	是
年份虚拟变量	是	是	是	是

续表

变　量	(1) 综合技术效率	(2) 纯技术效率	(3) 规模效率	(4) 年营业收入
常数项	0.123*** (-0.018)	0.496*** (-0.041)	0.197*** (-0.052)	5.906*** (-0.292)
样本变量	2977	2977	2977	2977

注：***、**、*分别表示在1%、5%、10%的水平上显著。

（四）结论

本文利用2014～2015年形成的3100家Repeated Cross Section合作社经营数据为例，实证分析了合作社内部信用合作对其经营发展的影响。首先，通过DEA计算出合作社经营效率，发现合作社经营效率总体水平不高，且合作社间存在巨大差异。东部地区合作社经营规模更为合理，其发展质量相对较高。以粮食为主要产业的合作社，无论其纯技术效率还是规模效率，均低于以水果和蔬菜为主要产业的合作社。其次，本部分通过计量模型分析发现，开展信用合作有利于合作社优化经营规模，提升规模效率。最后，我们发现合作社开展信用合作可以促进合作社经营业绩，一定程度上佐证了信用合作对合作社经营规模效率的正向影响，然而开展内部信用合作并未缩小合作社间技术效率差异。

五、关于合作社内部信用合作发展的思考和讨论

当前农民合作社内部信用合作发展面临的问题和矛盾，究其根源，主要是各界对合作社内部信用合作的功能定位、发展模式、风险防控等

相关方面的认识和看法仍然存在较大分歧。结合调研，我们对这些问题做一个探讨和梳理。

（一）合作社内部信用合作的功能定位问题

明确农民合作社内部信用合作的功能定位，是合作社内部信用合作发展的前提。讨论合作社内部信用合作的功能定位，必然要涉及农户借贷需求以及相应的农村金融体系问题。

从需求看，在传统小农经济中，小农户经济是一个弱平衡，由于商业信贷难以获得，农户资金缺口要么依靠熟人无息借贷、国家官方信贷支持，要么在前两者不可得的情况下依靠高息借贷。这即是传统农户借贷制度的“金融角点解”①。但实际上，在传统农村，由于官方信贷难以获得，对于大多数陷入困境的小农来说，只有熟人借贷和高息借贷两种选择。随着我国改革开放，农民的分工分业深化，收入水平增加，金融需求呈现多样化趋势。大部分农户成为兼业农户，外出打工或者经商的收入逐渐成为家庭收入的重要来源，甚至超过了家庭来自农业的收入。对于这部分农户来说，尽管仍然从事农业生产，但由于收入水平增加，农业生产资金已经得到满足，其资金需求更多表现为建房、医疗、教育以及婚嫁等方面。部分农民则通过土地流转或者专注于养殖业扩大农业经营规模，成为家庭农场或者说专业大户。随着生产经营规模的扩大，这些专业户不但需要更多的流动资金，还需要更多的基础设施建设投入，因此其资金需求主要体现在生产领域，既包括短期流动资金，也

---

① 张杰：《中国金融改革的制度逻辑》，中国人民大学出版社 2015 年版。

包括长期信贷资金。和传统小农户相比，其资金需求规模明显增大，就目前而言，多数需求规模都在 5 万元以上，甚至超过 20 万元以上。当然，在偏远地区或者少数民族地区，也仍有部分农户固守在原有少量的土地上维持原有的生产生活状态，处于弱平衡状态，在歉收年份或者家庭生活遇到突发事件时，需要外部融资。值得指出的是，在农村地区，部分留守的老年农民由于行动不便，也对便利化金融服务有强烈需求。

从供给角度看，改革开放以来我国政府积极推动农村金融改革，完善农村金融体系。一方面，在深化农村信用社改革的同时，推动农业发展银行、邮储银行等正规金融机构开展金融产品创新和服务创新，支持农业发展银行增加农村金融服务，逐步完善商业性金融和政策性金融体系。从 2007 年开始，我国政府则鼓励发展村镇银行、小额贷款公司和合作社信用合作等小微金融机构，力图构建商业金融、政策性金融和小微金融相结合的农村金融体系。近年来随着互联网的发展，一些公司还大力发展依托大数据的供应链金融，成为农村金融服务体系的有益补充。

不同的农村金融供给主体，由于自身特点不同，其面对农民金融需求也是有差异的。从调研的情况看，农村信用社（农商行）作为农村正规金融机构主力军，其面对的主要农村工商户和部分新型农业经营主体，侧重生产经营方面的资金支持。农业银行、邮储银行由于其网点的局限，其服务的对象主要是农业企业和农村二三产业领域的中小型企业。在政策支持下，这些金融机构也会向大型的家庭农场①、合作社等

① 农村家庭农场规模差异很大，既有规模上千亩，甚至达到几千亩面积的大型规模农户，也有不足 100 亩的小型规模化农户。目前而言，无论是正规金融机构，还是村镇银行、小额贷款公司，其主要服务对象主是大型规模化农户，小型的规模化农户很难获得金融机构的信贷。

大户发放部分贷款，但覆盖面很少。村镇银行、小额贷款公司，其面对的也主要是农村小微企业和农业企业，对农户覆盖面也不大。目前新兴的产业链金融，特别是由工商企业主导的产业链金融，其服务对象主要是大型规模化农户。需要指出的是，20 世纪 90 年代末期以农村信用社为主体实施的小额信贷政策，成为面向传统小农户和小型规模农户的主要金融服务。这项政策对解决部分农户的急需起到了一定作用，在一些地区有效缓解了农户的借贷难问题。但在中西部地区特别是一些远离交通要道的偏远地区，普通农户要获得小额信贷，需要村干部证明等各种手续，难度很大。如我们调研的云南曲靖市陆良县，当地农户反映，从信用社贷款，不但要跑好多趟，而且信贷员还要反复打电话调查核实情况。世界银行的研究（1989 年）表明①，在过去的 40 年中，在很多国家和农村地区，政府通过引进正规金融制度向民间提供廉价信贷的努力似乎并未产生预期效果。

由此，农户的生活融资需求、小型规模农户经营性资金需求以及贫困地区传统农户的融资需求，成为农村合作金融服务对接的主要对象。农村资金互助社与合作社内部信用合作，其对接的农户融资需求也有一定差别。从政策角度看，农村资金互助社作为专门的社区性合作金融组织，其服务涵盖了农户的生产生活方面的资金需求。合作社内部信用合作的重点是面对内部成员的生产性资金需求，但从实践发展情况看，资金互助社成立审批严格，目前难以大规模发展。银监会从 2007 年起开始资金互助社发展试点，10 年时间只审批了 49 家。近年来一些地方政

① 《世界发展报告：金融体系与发展》，中国财政经济出版社 1989 年版。

府试点了农村资金互助社，但为数不多，全国有200多家。这与广大中西部地区农民的需求相比，无疑是杯水车薪。由于对金融风险的关注，今后农村资金互助社也难以获得大量发展。在政府高度重视小农户与农业现代化有机衔接的大背景下，面对传统小农户的农民专业合作社将会得到更多关注。而对于传统小农户而言，由于自身规模过小，其所需的是生产、购销、金融各种服务，这也正是国家推动发展生产、供销、信用合作三位一体的综合性合作社的出发点。单从资金需求看，传统小农户更多的是生活性资金需求。因此面向传统农户的农民合作社，应将信用合作覆盖范围从单纯的农业经营资金需求扩展到生活性资金需求，真正解决农民的金融需求问题。由于合作社理事长对当地社员比较熟悉，基本上当天即可拿到贷款。信用合作的独特优势，正是其发展空间所在。但鉴于成员资金需求是短期、零散的，因此在小范围的农村社区内，这种互助性资金调剂服务的盈利空间很小。因此从这个角度说，合作社内部信用合作是一种互助性服务，不是经营，应依据村庄社区范围的农民需求开展服务。对于合作社自身而言，信用合作是合作社拓展服务功能的重要领域。合作社开展信用合作，为社员提供小额、分散、急需的借款服务，也是增强合作社吸引力和凝聚力的重要方式和途径。

对于以大型规模化农户为主要成员的农民合作社（有些地方的合作联社实际上就是大型规模化农户组织起来的合作社）而言，由于成员资金需求规模大，大多数规模在20万～50万元，个别的资金需求甚至超过100万元，单纯的成员内部资金调剂已经难以满足要求，应更多与外部产业链金融公司合作，引入外部资金，解决成员生产经营资金需求。

（二）关于合作社内部信用合作风险控制问题

从自身特性看，合作社内部信用合作风险相对较小。由于农民合作社内部信用合作始终与产业依托，资金链与产业链高度重合，一方面，具有良好产业基础的合作社，社员收入持续增加，为其顺利还贷提供了有效保障；另一方面，农民合作社在发放借款服务时，按照内部性要求仅对农民成员进行放贷，把互助资金用于产业发展或者零散的生活需求，可以大幅度降低信用合作的风险。同时，在运作模式上，部分合作社把资金发放回收与合作社产业发展活动紧密结合起来，依据社员的产业投资活动进行资金发放，通过社员销售款项直接回收资金，依托产业链构建了多重风险防范机制，实现了资金闭环运行。这正是合作社内部信用合作能够有效防范风险的重要保障。

但作为一个金融业务，仍然存在一定的风险。从内部运行看，有管理风险、产业风险和市场风险之分；从外部监管看，还具有成员道德风险与异化风险。从管理风险看，合作社很难将信用合作服务贯穿到社员日常经营活动的整个过程之中，贷款监督跟踪成本大，社员经营过程中抵抗风险能力弱，无法像正规金融机构那样通过再融资和银行借款来缓解资金短缺困境，使得合作社不能充分利用资金。从产业风险和市场风险看，农业生产既是经济再生产过程，又是自然再生产过程。正是由于这个特殊性决定了农业生产过程需要动员多种要素，并且对市场、天气、环境等约束因素具有敏感性。农户同质性的特征，导致用款时间集中，放大了资金使用的周期性效应，不能起到调剂余缺的目的。从成员道德风险看，目前，已有合作社出现互助金收不回的个案和苗头，也有合作社存在多数到期不能还款申请延期还贷的情况，贷款人的信用度有待加强。同时，农户入社率偏低，大部分入户社员只是在合作社贷款来缓解流动资金不足现状，用贷到的款进行生产经营活动，但达到一定经济规模后，很快将资金另投到正规金融机构，这就造成了贷款户多，存款户少，互助优势资源流失，资金运转困难。从异化风险看，监管不严既不能从正面引导合作社信用合作健康发展，也不能有效遏制合作社非法集资和放贷现象。不少地区出现了各种伪合作社打着合作社名义进行高息揽储、变相开展非法集资的乱象。据《新闻晨报》等媒体报道，河北邯郸广平县伟光蔬菜种植专业合作社法人跑路，卷走资金 1.4 亿多元。随后，山东临清市东旭蔬菜种植专业合作社发生跑路事件，涉资 2000 多万元。此外，还存在政策风险。例如，贵州省大方县资金互助社仍在试点阶段，无相关政策支撑，一旦大批出现问题，政府有可能出台政策取消农民资金互助合作社，那农民存入的资金如何发放，利息如何计算，贷款如何收回等将会是很大的问题。信用合作内部风险与外部风险叠加，使得信用合作风险具有影响面广、潜在危害大等特点，倘若处置不善可能将经营中的风险向农村社会传导，影响农村社会稳定。

为了防范风险，一些政府试点地区普遍建立了严格的管理制度。除了限额限期、抵扣还款之外，还采取了互保联保、提取风险金、建立信用档案、跟踪指导、违约追责等措施。这些规定和做法对于有效防范合作社信用合作风险，发挥了明显作用。但同时这些措施也降低了合作社发展活力，使得合作社在开展信用合作业务时束手束脚。农民合作社内部信用合作的主要特点在于利用内部“熟人社会”的信息对称、道德风险小的优势，开展灵活便利的资金调剂，解决农民成员的资金补足问题，弥补正规金融机构程序繁杂、借款成本过高的问题。这些试点强调风险管控，在一定程度上导致内部信用合作失去了自身的优势，从而难以发挥其应有的作用。政府在指导合作社开展信用合作过程中，既要重视风险防控，也要重视业务拓展，妥善处理风险控制和内在活力的关系，促进合作社内部信用合作更好发挥作用。

（三）关于合作社内部信用合作立法问题

虽然近几年中央一号文件多次提出有序发展农村资金互助组织，引导农民合作社开展信用合作，但国家尚未出台具体的法律法规。2006年颁布的《农民专业合作社法》中并没有涉及农民合作社开展金融服务的相关内容。银监会在2007年1月下发的《农村资金互助社管理暂行规定》对农民资金互助合作社的性质和法人地位有了明确的界定，但没有明确是否同样适用于合作社内部信用合作。法律地位的缺失，导致农民合作社开展信用合作无章可循。基于过去基金会清理整顿的教训，近年来国家金融监管部门又连续下发文件清查农业领域非法集资行为，使得一些地方政府和合作社对于发展农民合作社信用合作顾虑重重。例如，山西省之前曾有几十家合作社开展过信用合作，但近年来由于担心涉嫌非法经营，有一些合作社陆续停止了信用合作业务，目前上报开展信用合作的农民合作社仅有7家。同样，由于没有明确的法律规定，贵州省大方县互助社在工商行政部门登记未果，只能在民政局登记为“民办非企业单位”，且得不到银监部门的认可，没有合法的法律地位，无独立法人资格和市场主体地位。2012年5月3日，大方镇农村资金互助社社员杨齐菊在互助社贷款3万元，约定还款期限为半年，在还款期限到后当事人仍未还款，而且无法与其取得联系。2013年3月1日，大方镇农村资金互助社向人民法院提起诉讼请求追讨欠款，但是人民法院因现行法律无涉及此类案例的法律依据和条款，决定不予受理此案。这桩个案造成了互助社的恐慌，一旦以后类似的案例人民法院都不受理，互助社相关业务经营得不到国家政策和法律保护，在发生债权债务纠纷时无法使用法律武器维护自身权益，将难以保证互助社的规范经营和风险防范。

随着合作社服务功能将进一步深化拓展，生产合作、供销合作、信用合作将加速融合。2017年中央一号文件也提出，“积极发展生产、供销、信用‘三位一体’综合合作”。顺应合作社的发展综合化趋势和农民社员的多样化需求，建议将信用合作纳入法律调整范围，明确合作社内部信用合作的主管部门。鉴于信用合作风险较高、专业性较强，应在修法过程中，将“坚持社员制、封闭性原则，不对外吸储放贷、不支付固定回报”等原则，细化为可操作性条款，并在资金使用管理等方面做出规定。因此，建议要修订《农民专业合作社法》，明确合作社可以依法开展内部信用合作，为其提供法律依据。同时抓紧起草《农村金融法》，加大农村资金互助社审批力度，建立新型农村合作金融组织体系。

（四）关于合作社内部信用合作监管方式问题

近几年，受伪合作社涉嫌非法集资活动的影响，一些省市在试点过程中加大了对信用合作的监管力度，主要采取资格审批、重点抽查、动态管理等措施强化监管。一是建立审批与备案制度。辽宁省在试点工作方案中，要求开展信用合作试点的合作社，需要履行提交书面申请、县级农业部门推荐、市级农业和银监部门审核，经省银监局和农委联合审批等程序。河南、安徽等地则要求合作社开展信用合作必须获得农业部门的批准，并到工商部门备案。四川省规定，农村资金互助组织改革试点实行属地管理，实行“谁审定、谁管理、谁负责”的主体责任体系。市级政府或由市级政府授权的县级政府、授权部门是审定部门。农村资金互助组织吸纳新社员、增加股本金、开办新的业务类型，均要报经审定部门同意。二是采取监控与重点检查。为加强风险防控，一些地方制定了报告制度，建立了监管平台。安徽潜山县建立了“月报、季查、年审计”制度，合作社必须要按时上报合作社开展信用合作的财务情况，并配合审计监督检查。太湖县投入 40 万元建立了信用合作资金监督网络平台，对每笔业务实时跟踪监控。浙江温州市银监和农业部门建立信用合作监管员制度、风险预警制度，并联合会计师事务所等中介机构，加强对合作社监督检查。辽宁省要求地市对开展试点的合作社每年检查不少于 4 次，省级负责对试点单位进行重点抽查。三是建立退出机制。一些地方对开展信用合作的合作社，采取动态监测的办法进行监督，对运作不规范的进行整顿，涉及违法的采取关停措施。辽宁省对 1 家涉嫌非法集资的合作社取消了其信用合作业务。

农民合作社开展信用合作应当遵循属地管理原则，还是行业管理原则，目前尚无定论。目前，如果将合作社信用合作视为金融业务，则中央政府应出台监督管理办法，农业、银监、工商等有关职能部门分工协作，省级人民政府出台具体方案，设区的市一级政府负责审定。还有一种观点是，按照“谁审批、谁监管”的原则，实行业务指导和行政指导双重负责制。金融、银监和银行等部门组成协调小组，对合作社信用合作业务进行技术指导；农业部门和供销社分别对各自领办的合作社进行规范化建设方面的行政指导。条件成熟的地方，可以探索成立联合社、合作社行业自律组织、审计协会等组织，协助监管。无论采取哪种方式，相关政府部门都要加强业务指导与监管，规范业务流程，形成统一的业务操作体系与规范化的业务操作标准；要运用现代信息技术创新监管手段，提高监管效率，完善监管制度。在此基础之上，可以充分发挥信息技术优势，建立统一的信息平台，对合作社的资金规模、贷款流向、股权结构、借款比例等内容进行实时监测。在具体监测过程中，可以结合地区发展水平、行业属性与经营领域，针对不同生产环节、不同类型的合作社设定不同的预警标准。当合作社的资金流动超出预警值后，银行部门可以对合作社的资金账户进行临时冻结，由农业、金融与工商部门组成联合工作组，对合作社的违规行为进行联合纠查。

合作社内部信用合作的监管方式，是实行审批制还是备案制，亦存在广泛争论。审批制是指政府部门对合作社开展信用合作进行审查，并做出是否同意的决定。审批通常是事先进行的，而且会对申请事项和申请材料做实质性的审查。备案制主要是形式审查，政府部门只对申请文件的完整性和真实性进行核查，理论上并不对申请文件的内容做实质性审查。备案制既可以发生在事后，也可以发生在事前。审批制更有利于把握风险，但交易成本和行政成本过高。备案制相对宽松、灵活，缺点是行政机关没有审查的权力。按照我们的理解，合作社内部信用合作不是专门的金融机构，只是合作社内部封闭运行的一项业务，建议不实行审批制，可以区别不同情况实行核准制和备案制。例如，在符合法律规定的前提下，对于小额、分散的资金互助活动，合作社可以根据成员需求自主发展，不需要政府审批，可以采取备案制。对于资金规模较大、成员范围较广的信用合作活动，建议按照中央和地方金融监管职责和风险处置的分工要求，明确专门管理机构，实施核准制，将超过一定标准的合作社内部信用合作活动纳入监管范围。对于假借合作社名义涉嫌非法集资等行为，建议地方银监部门联合金融办予以打击。

（五）关于合作社内部信用合作与农村社区协同发展问题

农民合作社的成立、运行及发展根植于所处地域环境，合作社的发展和壮大也离不开农村社区的支持。在我国农村地区，以身份承诺、社区意识和熟识关系等为基础建立起来的非正式联系，是保证合作社正常运作的重要保证。同时，农村社区本身作为一个相对独立的小型社会经济综合体，在外部经济效应的作用下，它在经济、社会文化、自然资源环境等各个方面都会因为农民合作社的发展而受到影响。这种影响自合作社筹备成立之时，就开始存在，并随着合作社的发展壮大而增大。实践证明，由从事农产品生产的专业农户组成的超越社区界限的专业合作社，不仅能推动地域产业发展、提高科技培训、促进当地就业，还能提供部分公共物品供给，推进村庄的民主治理。

对于信用合作而言，合作社可以有效获得成员的农业经营水平能力、现金资产规模与信用水平等信息，并能够利用其更为明显的熟人社会关系，约束借款成员的违约行为发生。反过来，合作社具有反哺社区的功能。合作社开展信用合作，可以增强村民的信用意识，进一步提高农村社区的凝聚力和动员力。合作社内部信用合作与农村社区协同发展的另一条路径，是在信用合作基础上积极培育新型农村合作金融组织。中央文件明确提出，在管理民主、运行规范、带动力强的农民合作社和供销合作社基础上，培育发展农村合作金融，推进社区性农村资金互助组织发展。发展新型农村合作金融涉及面广、政策性强，应加强组织领导，进一步完善对新型农村合作金融组织的管理体制，明确地方政府的监管职责，支持符合条件的地区农户和合作社依据不同区域特色，因地制宜自主培育发展农村资金互助社等新型农村合作金融组织，鼓励地方建立风险补偿基金，有效防范金融风险。从深层次看合作社与农村社区的关系，开展信用合作的根本目标是维护农民的金融发展权。金融发展权作为一项基本的发展权，它对农民的经济发展程度、社会地位、文化层次、心理自我实现等方面起着基础性的作用。对于广大弱势群体而言，实现金融发展权的过程，就是其在政治、经济、社会、文化、心理等各方面的发展需求得到实现的过程。

六、合作社内部信用合作的发展思路和建议

合作社内部信用合作是拓宽合作社服务功能、增强自身凝聚力的重要举措。现阶段，在农村合作金融发展滞后的情况下，合作社内部开展信用合作，可以弥补农村资金互助社发展缓慢的缺陷，缓解农村金融供给不足。但从总体上看，要想有效缓解农民抵押难和贷款难问题，最终需要培育发展正规合作金融组织。因此，信用合作和资金互助应具有不

同的发展定位，一个立足产业，一个服务社区，二者互补统一才能真正解决农村金融问题。一方面，要加大农民合作社内部信用合作指导服务力度，将其纳入《农民专业合作社法》调整范围；另一方面，要抓紧起草《农村金融法》，加大农村资金互助社审批力度，建立新型农村合作金融组织体系。

（一）赋予农民合作社内部信用合作法律地位

《农民专业合作社法》实施 10 年以来，赋予了合作社市场主体地位，为合作社发展提供了法律保障。随着农村分工分业深化，农民之间的合作内容、合作领域和合作形式呈现多元化、综合化等趋势。合作社服务功能将进一步深化拓展，生产合作、供销合作、信用合作将加速融合。因此，应顺应合作社的发展综合化趋势和农民社员的多样化需求，将信用合作纳入法律调整范围，明确合作社内部信用合作的主管部门。鉴于信用合作风险较高、专业性较强，应在修法过程中，将“坚持社员制、封闭性原则，不对外吸储放贷、不支付固定回报”等原则，细化为可操作性条款，并在资金使用管理等方面做出规定。此外，为了避免农民合作社内部资金互助和农村资金互助社相混淆，方便基层部门掌握和操作，建议修法过程中统一采用“农民合作社信用合作”概念。

（二）明确合作社依法自主开展内部信用合作

合作社内部信用合作不是专门的金融机构，只是合作社内部封闭运行的一项业务。建议在符合法律规定的前提下，对于小额、分散的信用合作活动，合作社可以根据成员需求自主发展，不需要政府审批。对于资金规模较大、成员范围较广的信用合作活动，建议按照中央和地方金融监管职责和风险处置的分工要求，由地方政府制定管理细则，明确专门管理机构，将超过一定标准的合作社内部信用合作活动，纳入监管范围。对于假借合作社名义涉嫌非法集资等行为，建议地方银监部门联合金融办予以打击。同时，出台农民合作社信用合作运行规范，建议金融监管部门与合作社管理部门，依据金融市场的监管办法，在结合农民合作社的基本特点和各地实践经验的基础上，联合制定合作社内部信用合作的基本规范，对信用合作的基本原则、标准条件、资金筹集使用、管理制度、风险防控等方面做出明确规定。尤其是在调研中明显较为混乱的借贷利率确定、风险备付金制度、监督管理责任等方面，应加快制定相应原则和标准，为合作社开展信用合作业务提供参考。

（三）制定农民合作社内部信用合作的支持政策

从调研情况看，资金筹集规模有限、无法满足合作社成员的资金需求是制约合作社开展信用合作的重要因素。建议政府在发展初期加大支持力度，降低合作社开展信用合作的运行成本，促进其健康发展。对符合条件开展信用合作的合作社给予资金、税收等方面的支持，并加强合作社信息化建设。同时通过建立风险保障基金和农业保险体系，防范信用合作金融风险。鼓励和引导社会资金以捐赠或入股的方式支持信用合作。信用合作的开展要求合作社管理人员掌握相应的金融业务知识，建议政府采取有效措施，引导和支持合作社培养业务骨干，引进具有金融专业知识的人才，提高合作社开展信用合作业务的能力。

（四）积极推进新型农村合作金融组织培育发展

中央文件明确提出，在管理民主、运行规范、带动力强的农民合作社和供销合作社基础上，培育发展农村合作金融，推进社区性农村资金互助组织发展。发展新型农村合作金融涉及面广、政策性强，应加强组织领导，进一步完善对新型农村合作金融组织的管理体制，明确地方政府的监管职责，支持符合条件的地区农户和合作社依据不同区域特色，因地制宜自主培育发展农村资金互助社等新型农村合作金融组织，鼓励地方建立风险补偿基金，有效防范金融风险。

（五）制定合作社内部信用合作规范

尽管合作社内部信用合作在政策层面仍然处于试点阶段，但从实践层面看，已经有不少合作社通过各种形式开展了内部信用合作。因此应尽快制定合作社内部信用合作规范，重点从成员资格、利率标准、民主管理、风险控制、监管制度等方面出台相关的规范和指南，逐步推动现有信用合作的规范化，在发挥其作用的同时，避免其出现金融风险。

（六）面向规模化农户的合作社发展供应链金融，增强合作社凝聚力

在我国，规模化农户大多处于发展初期，既需要流动资金，也需要长期投入，需要的资金量普遍较大。目前以成员资金间相互调剂为主的信用合作，由于规模小、期限短，难以满足规模化农户的需要。另一方面，随着信息化技术，特别是移动互联网和物联网的发展，利用合作社为成员提供生产资料供给、技术指导、信息服务、产品销售等方式积累

大数据的条件，为发展供应链金融奠定了基础。通过供应链金融，引入外部资金，可以有效解决规模化农户发展中面临的资金问题。

（本报告第一部分、第四部分由吴比执笔；第二部分由谭智心执笔；第三、第五部分由高强执笔；第六部分由张照新执笔。全文由张照新统稿）

专题报告一

农民合作社信用合作试点跟踪研究

加快发展农民合作社内部信用合作是解决合作社成员融资难、融资贵难题，增强合作服务能力，提升合作社凝聚力和吸引力的必然要求。近年来，国家十分重视农民合作社发展信用合作。2013 年《中共中央关于全面深化改革若干重大问题的决定》中提出：“允许合作社开展信用合作。”2014 年中央一号文件明确要求“坚持社员制、封闭性原则，在不对外吸储放贷、不支付固定回报的前提下，推动社区性农村资金互助组织发展”，为合作社内部开展信用合作明确了原则、指明了方向。2015 年中央一号文件指出“积极探索新型农村合作金融发展的有效途径，稳妥开展农民合作社内部资金互助试点，落实地方政府监管责任”。按照中央的精神，山东、江苏、安徽、吉林等部分地区开展了农民合作社信用合作业务试点，探索具体运作模式和监管办法。为了解各地试点开展的具体情况，按照课题任务要求，课题组成员分赴山东、安徽、江苏等地进行了实地调研。调研发现，各地试点中在借鉴自发性农民合作社内部信用合作做法的基础上，制定了相应的试点方案和管理办法，强化风险管控，形成了具有特色的做法和模式。总的来看，这些试点取得了一定的成效，对于解决农民融资难，帮助农民发展生产起到了一定作用，但也存在过分强调风险管控、信用合作活力不足等问题，需要进一步探讨。

一、试点地区的主要做法和特点

近年来，江苏、安徽和山东等地陆续在部分地区或者全省陆续开展了试点工作；2009 年江苏省盐城市选择响水县兴旺小杂粮合作社和阜宁沟墩禽蛋合作社 2 家合作社开展试点；2010 年安徽省安庆市启动农民合作社信用合作试点；2015 年山东省在全省启动农民合作社内部开展信用合作业务试点。调研发现，尽管三地试点开始时间不同，模式有所差别，但基本上都是遵循了“成员制内部性、吸股不吸储、分红不付息、风险可掌控”等基本原则，在准入限制、股金额度、资金缴纳、风险管控和监管责任等方面，还是有较大的共性。

（一）严格准入

各地在试点方案中明确规定：不仅把参加人员的资格限定在合作社内部，而且还对人员的地域性进行了限制。如安徽省太湖县要求合作社开展信用合作业务仅限于 1 ~ 2 个行政村的区域，而且要在农村地区进行；山东省则要求试点合作社社员应当具有所依托农民专业合作社社员资格 1 年以上，且成员居住地必须在农民专业合作社注册所在乡镇范围内。我们所调研的临朐佳福奶牛合作社，其 35 个成员中，只有 23 个社员属于其注册所在乡镇，因此只有这23个社员可以加入内部信用合作，其他乡镇的12名成员不能加入信用互助。

山东省在《山东省农民专业合作社信用互助业务试点管理暂行办法》中规定，开展信用互助试点必须符合三个条件：一是在工商登记，具有法人资格；二是运营规范，存续期原则上在2年以上；三是近两年的年经营收入平均在300万元以上，固定资产在50万元以上。符合上述条件的合作社，要向县（市、区）地方金融监管局提出书面申请，取得“农民专业合作社信用互助业务试点资格认定书”，并到工商行政管理部门办理变更登记后，才可开展试点。

（二）入股金额和借款额度实行上限封顶

各地试点方案都对入股金额做出了上限控制。山东试点方案中既对合作社内部信用合作的总股金进行限制，也对每个社员入股股金金额进行了限制。《山东省农民专业合作社信用互助业务试点管理暂行办法》（以下简称《山东管理办法》）规定，农民专业合作社开展信用互助业务试点的互助资金总额，原则上不超过500万元，确有需要的可适当扩大规模，但不得超过1000万元。我们走访的临朐佳福奶牛合作社，其试点方案中明确规定，信用互助资金不超过1000万元。同时在《山东管理办法》中规定，单个社员的资金存放额不得超过同期该合作社用于开展信用合作互助资金总额的10%。自然人社员资金存放额原则上不超过所在县（市、区）上一年度农民人均纯收入的3倍。对于临朐佳福奶牛合作社，由于其当地农民人均纯收入为1万元左右，因此每个社员入股资金不能超过3万元，佳福奶牛合作社23名成员的股金总额为 69 万元。在借款金额方面，所有试点合作社都规定了额度上限或是比例上限，如安徽安庆日兴养殖农民专业合作社规定，单笔放款数量不得超过 20 万元，而且不能超过股金的 10%。临朐佳福奶牛合作社则要求对单一成员放宽不得超过互助资金总额的 5%。

（三）认缴制或者承诺出资制

在入股金的缴纳方式上，有些地方为避免现金风险，还实行了认缴制，如江苏坤兴合作社出于控制风险、降低资金运行成本的考虑，规定除成员的资格股金外，其他信用合作资金不沉淀在合作社或金融机构，入股成员和合作社签订《信用合作承诺入股合同》，以信用承诺的形式认缴“资格股”以外的资金。有人需要借款时，由合作社借款评审委员会通知成员缴齐金额。给别的成员借款充当担保人的，必须将认缴金额缴齐。在山东，虽然实行了实缴制，但是也明确规定合作社不设资金池，社员缴纳的股金存放在社员个人在指定合作银行开立的账户，合作社发放借款时通过银行转账处理，原则上不允许现金交易。

（四）借款担保制度

在借贷规则方面，各地试点合作社均要求借款必须提供担保。安庆市撞钟种养专业合作社还在担保人方面有详细规定，如借款 1 万元以下需 1 个股东担保，1 万 ~3 万元需 2 个股东担保，3 万 ~5 万元需 3 个股东担保。而在山东，其试点管理办法中明确规定：参与信用互助业务试点的农民专业合作社社员在其存放资金额度内，可以采取信用借款方式；超过其存放资金额的，应采取社员担保、联保方式，也可以采取农房、林权、土地承包经营权抵（质）押等方式。

（五）严格审批

在审批程序方面，各试点合作社均制定了较为详细的审批制度。如安徽省安庆市潜山县源潭兴达养猪专业合作社规定在投放互助金的过程中，按照“个人申请、分片联系人初审、担保人担保、理事长或理事会审批、办理借款手续、支付资金”的流程操作，借款金额在5000元以下的由理事长审批，5000～8000元由理事会审批，8000元以上由理事会、监事会共同审批。山东省还要求合作社设置资金评议小组，小组成员是合作社管理人员及成员代表。资金评议小组成员还需要通过金融部门组织的信用合作资格考试。

（六）规范财务

在财务制度方面，试点合作社均建立了相应的财务管理制度，资金实行台账登记责任管理。安庆市太湖县试点合作社还通过新开发出来的“瑞福德资金互助合作社综合义务系统”，将信用合作具体业务登陆在网上，既便于查找，也利于监管。江苏省宜兴市制定了《农民合作社信用合作会计制度》，针对信用合作设计会计科目，对信用合作会计核算的基本要求、成员权益等都进行了规定。

（七）加强监管

对开展信用合作试点的合作社进行严格监管是各地的普遍做法。一是明确监管责任，如山东省规定省和设区市、县（市、区）地方金融监管局是本辖区信用互助业务试点的监督管理部门。二是加强外部监督。如安徽省太湖县农委与县银监、人民银行、工商等部门保持经常性联系，坚持定期与不定期巡视制度，深入合作社调查走访。三是积极开展第三方监管。如江苏省由省农委选择审计机构，每年对信用合作情况进行两次监管审查，并出具审计报告，对合作社开展内部信用合作的操作程序、经营效益、社内效应等情况进行清理。试点项目补贴也在审计后进行核算并发放到合作社。

二、各地开展合作社信用互助试点的政策措施

（一）强化组织领导，不断出台扶持政策

各地在农民合作社开展信用合作业务的组织领导方面较为重视，均明确或成立了相关责任部门，并出台相应文件和政策进行扶持。2014年6月，江苏省下发了《省政府办公厅关于引导新型农村合作金融组织规范发展的通知》（苏政办发〔2014〕61号），明确了新型农村合作金融组织范围和发展原则，要求按照“谁审批谁负责”和属地管理的要求落实监管指导职责，审慎稳妥地开展规范整顿工作，由省金融办、省农委共同牵头建立全省新型农村金融合作组织规范整顿工作联席会议制度，合作社开展信用合作规范整顿的日常工作由省农委承担。山东省在2015年2月初召开了全省试点工作动员会议，省里分管领导出席并做了总体部署。6月底，在枣庄滕州市召开了全省试点工作座谈会，时任

省长郭树清出席了会议，总结了试点前期工作。安庆市政府从2014年开始，连续两年安排专项资金，对信用合作运行规范、成效明显的合作社，给予以奖代补支持。安庆市人大和市农委研究制定了《关于金融支持农民专业合作社加快发展的意见》，着重就金融机构支持合作社开展信用合作等问题，做出了具体安排，明确要求各商业银行给开展信用合作的合作社授予300万~500万元的信用额度，并在全省率先推出了针对合作社农户成员的整体授信、“统贷直放”金融服务模式。

（二）大力宣传系统培训，确保试点规范运行

各地不断加大对信用合作业务骨干和辅导员的培训力度，同时加强合作社的规范化管理，并广泛宣传，为合作社开展信用合作营造了良好的发展环境。山东省金融办将合作社信用合作试点工作相关政策文件发送各市县学习，并深入合作社进行政策宣传和业务辅导，还加强了与各类新闻媒体的沟通联系。2015年4月底，山东省召开了合作社信用合作业务试点工作培训会议，并以市县基层人员为主体筛选建立了试点政策和业务培训师资库，并委托中国金融教育发展基金会编写了试点培训教材。安庆市农委组织开展了一系列宣传、培训工作，2015年召开了3次座谈会，举办了4期专题培训班，并邀请专家对申请开展信用合作的合作社负责人进行辅导培训，将相关资料汇编成册，发给各合作社负责人学习。同时安庆市还组织专门力量，到各县（市、区）巡回指导和督查，到合作社现场培训，指导建立完善财务制度、互助资金借用回收制度、档案管理制度等各项管理制度以及风险防范机制，促进了信用合作规范运行和依法开展。

（三）严格试点标准，科学选择试点模式

各地在启动农民合作社信用合作试点前，均对当地开展信用合作的基础条件和信用环境进行了摸底调查，严格设定试点标准，科学选择试点模式。江苏省宜兴市在选择试点合作社时，充分考虑合作社的经济实力、主导产业、带动能力、成员资金需求、带头人能力品质。合作社必须在市域范围内，经营范围为当地特色主导产业，重点是粮食、蔬菜、肉禽等，原则上同一产业、同一乡镇不重复开展信用合作。符合条件的合作社要开展信用合作，必须提出书面申请，经乡镇农经部门初审、市（县）级农经主管部门审核、省主管部门备案同意。安徽省安庆市农委在试点工作启动前，组织专门力量对本市前期自发开展信用合作的农民专业合作社进行了专题调研，并派员到外地学习考察发展农民资金互助合作社的做法，通过分析、比较和借鉴，提出了“以合作社为基础、在内部成立资金互助部”的信用合作试点模式。实践表明，这一操作模式为信用合作积极稳妥开展奠定了良好的基础，有利于保证信用合作的效率和保护农户的利益。

（四）加强监管防控风险，保障试点稳妥推进

风险防控是各地开展农民专业合作社信用合作最为关注的核心问题，也是指导试点顺利开展的重点内容。江苏省由省农委选择审计机构，每年对信用合作情况进行两次监管审查，并出具审计报告，对合作社开展内部信用合作的操作程序、经营效益、社内效应等情况进行清理。试点项目补贴也将在审计后进行核算并发放到合作社。此外，省农委还与银行合作，对信用合作的资金流量、审批程序等情况进行监管。

与金融、财政、公安、农业等部门建立联席会议制度，定期通报信用合作情况，同时为合作社提供政策信息。安徽省安庆市农委出台了《安徽省农民合作社资金互助试点社风险防控应急处置预案（试行）》，以应对信用合作服务的突发性风险。在省农委合作处组织指导下，安庆市、县农委及试点社也分别制定了信用合作风险防控应急预案，省里还专门安排专项工作经费 200 万元给予支持。在具体运行实践中，省、市、县农委对试点社实施日常巡回检查，督促合作社规范操作，做好自律性防范。在加强“人防”的同时，逐步重视“技防”，利用信息化手段加强风险防范，2014 年安庆市在太湖县率先建立了信用合作试点社运行实施监控平台，做好监测预警。

三、试点成效

从调研了解的情况看，农民合作社开展信用合作试点，只要当地政府及相关部门加强规范指导、重视风险防范，试点合作社开展信用合作业务的效果都是值得肯定的，目前为止没有听说过试点合作社发生过系统性、大规模的借贷风险。

（一）满足成员资金需求，增加农民收入

农民合作社内部开展资金互助合作，发放互助资金额度小，操作“短、平、快”，手续简单，成本较低，有效解决了成员生产经营过程中资金不足的问题。合作社开展信用合作主要着眼于解决成员组织生产经营过程中的种子、肥料、饲料等关键环节上的资金需求，有的合作社

采取统购统销的方式，选择有实力的农业生产资料生产、经营厂家及知名品牌，减少中间环节，降低采购成本，在确保向成员提供的农业生产资料低于当地市场价格的前提下，按照先赊销，后付款的方式，在农产品收获或销售后，成员确无资金付款的可以到合作社申请资金互助，从而从根本上解决了成员在农业生产经营中的资金需求。通过资金互助服务，资金周转效率能够得到显著提高，合作社成员不仅可以增加生产经营性收入，还可以获得股金利息、分红等财产性收入，运行规范、发展较好的合作社成员还能分到财政奖励补助资金量化到成员头上的转移性收入，从而有效拓展了农民的增收渠道，促进了农民增收。例如，安庆市岳西县撞钟种养专业合作社成员王学胜打算从事农资化肥销售业务，缺少 3 万元启动资金，向合作社资金互助部提出借款申请，经过理事会审查、资金互助部调查、公示后，由其他成员用等额股金做担保，3 天后就领到了 3 万元借款。他感慨地说："当初到农村合作银行去借 3 万元，银行只审批 1 万元，而且要找国家公务员担保，我家世代都是种田的，找公务员担保很难。我通过加入合作社资金互助部，借款方便快捷，占用费比银行利率还低。信用合作，真是支农惠民啊！"

（二）提升合作社凝聚力，增强合作社服务功能

与商业银行贷款模式相比，合作社开展资金互助模式的优势在于借贷双方信息较为对称。由于合作社开展信用合作是建立在"血缘、地缘、亲缘"的基础之上，所以合作社成员之间对彼此的家庭背景、经济实力、信用状况等都较为了解。而且随着资金互助模式的运行（如联合担保等方式），成员建立了信用共同体，如果违约，将对成员和农

村邻里之间的生活造成很大压力，甚至对子孙后代的声誉造成不利影响。实践证明，合作社成员一般不会出现借钱不还的情况。合作社通过开展信用合作，宣传信用合作理念，强化了成员的合作意识和信用意识。由于资金的互助合作，成员之间的交流增多了，对合作社更加关心了，从而增强了合作社的凝聚力，促进了合作社的发展。此外，农民合作社通过资金互助业务的开展，将资金这一生产要素成本内部化，既解决了资金短缺的困境，又优化了资源配置，完善了农民合作社的服务功能。

（三）促进特色产业发展，搞活农村经济

由于农民合作社是由同类农产品的生产者、经营者自愿联合、民主管理、自我服务的市场经济主体，通过开展资金互助业务，除了满足生产经营者的资金需求外，还可以促进合作社和相关产业发展壮大，有效带动当地优势产业的发展。例如，在安徽省潜山县，调研组实地考察的新农生态农业专业合作社，2011 年 6 月在主管部门的批准下，成立了资金互助部，在合作社内部开展资金互助和信用合作业务。通过信用合作的资金支持和专业大户的示范引导，带领成员及周边农户种植瓜蒌和饲养生猪，发展多种经营，共带动农户 1000 多户，50 亩以上的瓜蒌种植大户、百头以上养猪大户不断涌现，成员年均增收 5000 元左右。随着成员收入不断增加，信用合作规模也不断扩大，入股资金互助部的成员由 2009 年的不足 10 人发展到现在的 200 多人，信用合作的资金规模由 2010 年的 16 万元发展到现在的 570 万元。合作社经营场地也从当初的农村作坊迁入到乡工业聚集区，建起了占地 15 亩的加工厂

和办公楼。信用合作的扩大和推进，又反过来促进了产业合作的发展，合作社瓜蒌种植基地面积由当初的300多亩发展到现在的4500多亩。目前，合作社生产瓜蒌籽的年加工能力达到800吨，创立的“业银牌”瓜蒌籽品牌已畅销国内市场，合作社所在地痘姆乡已成为“中国瓜蒌之乡”。

（四）缓解农村金融供给不足，探索农村合作金融新经验

作为新型农村合作金融的重要探索，农民合作社逐渐摸索出了一整套从资金筹集、资金使用、风险防范到收益分配全过程行之有效的运作办法，克服了正规金融机构与广大农户之间的信息不对称、交易成本高的劣势，通过简便快捷的借贷方式，满足农民短期资金需求。此外，合作社内部发展信用合作，吸收和投放股金的对象一般限于成员内部、农民身份，主要用于农业生产经营。农民使用互助资金时，用途上也容易实现合作社成员之间的相互监管，从而保证了互助资金“取之于农，用之于农”，填补了正规金融机构在农村的“空白”。同时，合作社成员能够以较低的借款成本来满足生产发展，客观上对不规范的民间借贷（如民间高利贷）形成了排挤效应，使民间金融逐步走向正规化轨道。例如，江苏省宜兴市试点共选择了坤兴养猪合作社、天信生态种养合作社、怡农蔬菜合作社3家合作社开展信用合作。目前进展顺利，共225名成员参加信用合作，承诺入股资金8802万元，实际出资1092.2万元，已为成员解决融资需求1492.2万元，计53笔，资金年使用费率均不超过9%。据了解，2015年2月中旬，农业部副部长张桃林现场调研时对试点工作给予了“很规范、很实用”的评价。

四、存在的主要问题

从各地试点情况看，合作社自身和外部监管均存在一些值得关注的共性问题。从合作社开展信用合作自身来看，主要存在以下问题。

（一）合作社信用合作业务供需之间存在矛盾

调研发现，许多合作社反映很想开展信用合作业务，但合作社社员都没有钱，资金难以筹集。有的合作社反映，筹到的资金很少，但需求量很大，难以满足需求。有些合作社反映，由于成员产业相同，资金需求相对集中，导致筹集的信用合作资金周转不开，同时也存在资金相对集中闲置的问题。此外，有些地方严格的制度规定也导致合作社开展信用合作的供需矛盾。如山东试点方案规定，合作社开展信用合作业务不能超过注册地所在行政村，确有需要的，经批准后可放宽到乡镇域。有的合作社在座谈中反映，他们规模比较大、产业发展比较好，成员已经超出 1 个乡镇的范畴。严格按照试点方案执行，将会导致一大批需要资金的成员不能获得支持。他们认为，合作社最重要的是产业联结，应将产业联结和区域联结有机结合起来，在保障资金安全的前提下，建议将业务的地域限制放宽到县域。

（二）合作社开展信用合作业务的可持续问题

调研发现，试点合作社由于坚持互助制原则，不以盈利为目的，在设定互助资金占用费上有上限要求，所以通过资金互助得到的收益有限。如江苏宜兴市坤兴合作社仅承诺高于银行活期存款的利率汇报，一方面造成成员入股不积极，另一方面合作社领头人由于牵扯精力过大、收益不高，自身也缺乏扩大信用合作规模的动力。安徽岳西县撞钟种养专业合作社资金互助部设定的资金占用费为月息 9‰（年息 10.8%），年底扣除 10% 公积金、10% 风险保障金后，2014 年仅分红 5.8 万多元，其中基础股股东 82 人，投资股股东 40 人，人均分红不到 500 元。而合作社方面开展信用合作牵扯的精力较大，需要合作社理事长具有很强的责任感和奉献精神。据了解，该合作社理事长王林苗的主要业务并不在合作社，而是从事茶叶销售加工，开展合作社信用合作业务就是为了帮助自己村里的乡亲们。从长远来看，如果抛开财政扶持，要建立起一套适应市场要求、能够协调各方利益、形成有效激励的合作社信用合作制度体系和监管体系，还需要在实践中继续进行深入探讨。

（三）合作社内部规范化管理仍需加强

调研发现，一些合作社在开展信用合作过程中还存在管理不规范的问题。有的民主管理落实不够，主要依靠“能人”管理，资金筹集、贷款发放、资金使用费率、盈余分配等事项多由理事长或大股东决定，普通成员难以参与决策；不少合作社成员并不了解盈余情况，甚至不关心自己能分多少红利，更多只是关心存款利率多高、是否能从中贷到款；有的合作社资金筹集额度过高，对借款额度没有限制，有的对外投资，存在潜在风险；有的合作社为了多筹集资金，承诺给予固定回报，吸收成员不履行程序，随意性较大。如调研组在山东济宁金乡发现，由供销系统领办（占股 40%）的京信农产品联合社，自 2013 年开展信用互助以来，共发展成员 1106 户，分布在 9 个乡镇且设有分支机构，目前已经筹资 3800 万元，其中约 600 万元用于对养殖户的无息贷款（每户 5 万元为限）、1000 万元用于预付化肥厂款项（月息 1.2‰）、1000 万元用于种植户或其他成员生产生活需要（买车修房、红白喜事等）、1200 万元用于平时周转。入股需要缴纳 200 元的基础股金，存款年利率约 7%，贷款年利率约为 19.7%。调研组在翻阅这家合作社信用合作的借贷资料时就发现有将借来的资金用于购买小汽车的情况。调研组认为，这种脱离农业产业开展的信用合作业务的情况还是存在不少风险的。

（四）财会、金融人才缺乏已成为合作社正常开展信用合作业务的瓶颈约束

信用合作涉及资金筹集、使用、管理，流动性、风险性较强，需要专业人才。合作社现有的经营管理人员多是农村能人，虽然对农业生产、产品销售有一定的经验，但对金融知识、风险管理知之甚少，制约了信用合作规范发展。调研组在安徽实地考察时，重点询问了合作社财务制度和会计账目情况，发现即使是一些做得比较好的试点合作社，也存在财务人员业务不熟悉的情况，有的对信用合作业务的运行程序还不是十分清楚。对于一些基本问题，如成员基础股和投资股分红比例、没有参加资金互助部门的合作社成员是否应该领取资金互助部门的股息红利、合作社盈余和资金互助部门的盈余应该如何分配等，莫衷一是。个别合作社账户和资金互助部门的账户没有分开。合作社负责人普遍反映，合作社开展信用合作最缺的是专业财会和金融人才。调研组认为，财务制度和会计操作实务是合作社开展信用合作的重要内容，如果不解决好将严重制约合作社信用合作业务的规范、稳定和快速发展。

从合作社开展信用合作外部环境看，主要存在以下问题。

（一）缺乏法律保障

《农民专业合作社法》对合作社开展信用合作没有做出明确规定。至于信用合作应由哪个部门监管、是否需要审批以及相关的行为规范、管理制度等均没有明确，导致有些地方对开展信用合作心存顾忌。如山东地方金融部门就明确提出，建议尽快启动《农民专业合作社法》的修改工作，加强合作社内部信用合作有关的立法调研，明确信用合作业务的法律地位，为其开展提供充分的法律保障。

（二）监管能力与手段有限

调研发现，很多地方在信用合作的监管能力方面还亟须大力提升。银监办、金融办有金融人才，但对“三农”缺乏了解，而且工作人员数量有限，监管不过来也不愿意监管。农委经管站的同志尽管既懂农业又懂经济，各乡镇也有相应的体系，能有效监管，但毕竟金融专业知识有所欠缺，尤其是人事在县工资在镇，人手经常被乡镇政府抽调，法律又没有赋予相应职责，想管也没有手段。此外，由于监管范围有限，还存在一定监管“真空”地带。如安徽省开展信用合作试点仅限于安庆市的 24 家合作社，按照“谁审批谁监管”的原则，这部分合作社有明确的监管部门、监管办法，运行较为规范。但与此同时，还有一些合作社没有经过任何部门审批，自发开展信用合作，这些合作社处于监管的

"真空"地带，谁来管、怎么管都需要进一步明确。只有建立起完善的监管体系，才能有效防止合作社开展信用合作蜕变成脱离产业的资本运作。

五、几点思考

（一）在合作社开展信用合作业务时适时引入产业链金融模式化解产业风险

此处的产业链金融是指以合作社从事的产业为依托，根据合作社成员的生产经营开展借贷发放，利用合作社销售回收借款，从而降低合作社信用合作风险的模式。如厦门琴鹭合作社的内部信用合作社是规范开展内部信用合作的典型案例。琴鹭合作社成立后之所以开展信用合作，就是为了解决入社成员生产资金问题。实际上合作社内部信用合作的目的，也是其健康发展的前提。只有真正围绕解决成员生产资金需求开展资金互助服务，而不是作为牟利的手段，合作社信用合作社在运行过程才能不偏离轨道、不出偏差。在具体运行过程中，琴鹭合作社严格执行了对内不对外、吸股不吸储、分红不付息、风险可掌控的原则，利用合作社坚实的产业基础、健全的风险防范机制，尤其是运用产业链金融的模式，根据成员的生产经营开展借贷发放，利用合作社销售回收借款，明显降低了合作社信用合作的风险，值得借鉴。琴鹭合作社信用合作运行 5 年来，没有出现过一笔坏账，这也就是说，只要根据成员需求规范开展信用合作，其风险是可以控制的。当然，我们也要看到，琴鹭合作社信用合作良好的运作，与其产业的健康发展密不可分。但要看到随着我国农业市场化、国际化程度不断提高，产业发展的市场风险也是难以避免的，而产业风险必然也会给合作社信用合作带来外部风险。因此，未来还需要政府完善农业保险政策，进一步为信用合作构建有效的风险防范机制。

（二）以发展农民专业合作社联合社为契机，开展内部资金互助合作业务，用以解决互助资金不足和资金闲置问题

针对合作社开展信用合作资金不足和由于产业同质导致的资金周转困难与资金闲置情况共存的现状，为提高资金的使用效率，可以发展农民专业合作社联合社为契机，通过经营不同产业的合作社之间的联合与合作，缓解上述问题。从调研了解的情况看，一些部门和合作社都提出，目前专业合作社成员同质性强，基本从事相同的产业，信用合作资金比较容易出现季节性短缺和闲置问题，建议将联合社纳入到试点范围。

（三）合作社信用合作与正规金融有效对接的问题

调研发现，合作社成员的资金需求是要大于目前信用合作规模的，很多成员的融资需求得不到满足，有余钱入股的成员不多，基本依靠几个大户，很多试点合作社都出现了借钱的人多、出钱的人少的局面。有的合作社理事长认为，光靠农民自己的几个小钱不能彻底解决融资问题。他们提出希望将信用合作资金作为担保金，与正规金融合作，获得数倍信贷资金后再在内部发放借款。调研组认为，农民合作社开展信用

合作，主要解决的是小额、分散的农户资金需求，较大规模的发展仍然离不开正规金融，但是可以在信用合作运行机制建立完善后，探讨与正规金融有效对接的可能性问题。

（四）风险监管与信用互助活力问题

在各地试点中，监管部门都强化了风险的管控，从成员资格、入股金额、借款金额到运作程序、担保等方面，都对试点合作社进行了严格的规定，应该说，这些规定和做法对于有效防范合作社信用合作风险，发挥了明显作用。但同时也要看到，农民合作社内部信用合作的主要特点在于利用内部“熟人社会”信息对称、道德风险小的优势，开展灵活便利的资金调剂，解决农民成员的资金补足问题，弥补正规金融机构程序繁杂、借款成本过高的问题。但由于在试点中过于强调风险管控，在一定程度上导致内部信用合作失去了自身的优势，从而难以发挥其应有的作用。因此在试点中，应进一步探讨如何平衡风险监管与信用合作活力的问题，以便更好地发挥其作用。

执笔人：谭智心　贺　潇　张照新

专题报告二

农民合作社内部信用合作：概念辨析与发展建议

近年来，我国农民合作社发展迅速、规范化程度不断提高，为合作社内部信用合作奠定了组织基础。然而，当前无论是政策制定部门还是基层指导部门，对信用合作和资金互助的认识尚未统一，实践中也出现了运作不规范、涉嫌非法集资等问题，其根源在于信用合作法律缺失、发展定位不准、监管责任不明。在《农民专业合作社法》研究修订之际，亟须在总结各地试点经验基础上，厘清信用合作与资金互助的区别与联系，明确合作社内部信用合作的发展路径，并将其纳入法律调整范围，为合作社内部信用合作健康发展提供政策支持和法律保障。

一、相关政策梳理

（一）从2008年到2013年，中央允许并支持合作社内部信用合作

2008年党的十七届三中全会决定提出，“允许有条件的农民专业合

作社开展信用合作”。这是我国首次以中央文件形式允许合作社开展信用合作业务。2009 年中央一号文件提出，“抓紧出台……农民专业合作社开展信用合作试点的具体办法”。2010 年中央一号文件将目光转向农村资金互助社，提出“加快培育村镇银行、贷款公司、农村资金互助社”，并进一步提出“支持有条件的合作社兴办农村资金互助社”。2012 年中央一号文件再次提出“有序发展农村资金互助组织，引导农民专业合作社规范开展信用合作”。2013 年中央一号文件提出，“规范合作社开展信用合作”。这主要是中央针对各地出现的合作社违规操作倾向性苗头，提出的明确要求。2013 年 11 月召开的党的十八届三中全会决定再次提出，“允许合作社开展信用合作”。这些中央规定都是针对农民合作社内部开展信用合作做出的安排，并逐渐开始将其与农村资金互助社等新型农村合作金融组织发展进行协同部署。

（二）从 2014 年开始，中央开始强调发展农村合作金融，合作社内部信用合作由面上引导转为试点探索

2014 年中央一号文件则不再局限于农民合作社内部信用合作，而是进一步拓展到农村合作金融，强调“在管理民主、运行规范、带动力强的农民合作社和供销合作社基础上，培育发展农村合作金融”。同时，该文件还明确了社区性农村资金互助组织发展的基本原则，即“坚持社员制、封闭性原则，不对外吸储放贷、不支付固定回报”。这些原则也成为农民合作社内部开展信用合作的指导原则。然而，从 2014 年开始，各地陆续出现了假借合作社名义开展非法集资事件。因此，2015 年中央一号文件在继续提出“积极探索新型农村合作金融发

展的有效途径”的同时，强调“稳妥开展农民合作社内部资金互助试点”，将面上引导转为试点探索，并明确提出“落实地方政府监管责任”。2015 年 3 月中共中央、国务院下发的《关于深化供销合作社综合改革的决定》提出，“有条件的供销合作社要按照社员制、封闭性原则，在不对外吸储放贷、不支付固定回报的前提下，发展农村资金互助合作”，对供销社开展农村合作金融服务做出了具体规定。2015 年 11 月中办国办印发的《深化农村改革综合性实施方案》提出，“稳妥开展农民合作社内部资金互助试点，引导其向‘生产经营合作 + 信用合作’延伸”。2016 年中央一号文件进一步提出，“扩大在农民合作社内部开展信用合作试点的范围，健全风险防范化解机制，落实地方政府监管责任”。2016 年 3 月 17 日发布的《国民经济和社会发展第十三个五年规划纲要》提出“稳妥开展农民合作社内部资金互助试点”。综上得出，中央对于信用合作的部署安排呈现连续性、渐进性和明确化等特征，既始终重视支持农民合作社内部开展信用合作，又针对实践变化做出了一些阶段性调整，并对培育农村资金互助社、发展合作金融和落实监管责任提出了相应的要求。

（三）无论是中央还是地方，都未对信用合作和资金互助进行严格区分

从文件表述看，中央先后 9 次提出在农民合作社内部开展信用合作（其中 2015 年和 2016 年有 3 次提出在农民合作社内部开展资金互助），先后有 4 次提出发展农村资金互助组织，先后有 3 次明确提出发展合作金融。同时，一些地方也围绕信用合作、资金互助与合作金融制定下发

了文件。如 2010 年 7 月辽宁省农委会同银监局下发了《关于开展农民专业合作社资金互助业务试点工作的通知》，制定了《引导农民专业合作社开展资金互助业务试点方案》；2011 年 5 月安徽省农委制定了《关于推进农民专业合作社开展信用合作的指导意见》；2015 年 1 月山东省印发了《农民专业合作社信用互助业务试点方案》和《农民专业合作社信用互助业务试点管理暂行办法》；2015 年 11 月江苏省下发了《关于加强农民资金互助合作社规范管理的指导意见》。据不完全统计，全国共有北京、山西、江苏等 8 个省份在相关文件中使用了“资金互助”概念，有安徽、江西、湖南、河北 4 个省份使用了“信用合作”。这些省份中山西和山东同时使用了“资金互助”和“信用合作”两个概念。此外，辽宁、安徽和重庆还对“农村资金互助社”进行了规定。调研中发现，一些地方政府和基层合作社没有掌握这些概念的准确涵义，存在概念混淆、理解偏差现象。这不仅造成了相关部门对于监管责任归属的分歧，也在支持引导信用合作规范发展方面引发了诸多争论。因此，有必要明晰这两个概念的内涵，分析其特征属性，并在此基础上完善相关政策。

二、概念解析

关于信用合作和资金互助概念的内涵，学术界也有不同的界定。杨团（2015）将 2000 年以来国家扶贫办、银监会、供销社等机构在农村兴办的扶贫资金互助协会、农村资金互助社、供销社主导的资金互助合作和农民合作社内部信用合作等统称为信用合作。也有学者提出，信用合作和资金互助都可以视为新型农村合作金融。新型农村合作金融作为一种合作制的金融制度安排，面对的现实是我国农村金融功能的缺失和“熟人社会”的信用特征（中国农业银行/中国金融四十人论坛，2015）。苑鹏和彭莹莹（2013）提出，通过内部开展信用合作，农民合作社既可以扮演农户融资服务的直接提供者，也可以扮演融资服务的中介。合作社开展的信用合作有两种基本形式：一是货币信用，以资金互助为代表；二是商品信用，包括合作社内部的农资、农产品赊销赊购，以农产品供应链融资为主。

（一）概念界定

1. 农民合作社内部信用合作是服务功能的拓展

从广义上看，信用合作可以理解为“基于信用的合作”，泛指一切基于成员信用的合作活动。信用合作（Credit Cooperatives）概念起源于德国。1927 年毛泽东发表的《湖南农民运动考察报告》中关于合作社运动的论述中曾提出：“合作社，特别是消费、贩卖、信用三种合作社，确是农民所需要的。”梁漱溟在《我从事的乡村建设运动》一文中也提出：“合作社是从信用合作社到生产合作社这样发展的。”这一时期的信用合作主要指以资金信贷为主要业务的信用合作社。不过，受日本、韩国以及我国台湾地区的“东亚模式”农业合作社发展道路的影响，信用合作的内涵逐渐丰富，功能越来越多元。以日本农协为例，“信用事业”不仅能满足社员的用款需求，还承担为农协系统内其他事业提供融资服务的职责（高强、张照新，2015）。

根据我们的理解，农民合作社内部信用合作是农民社员为了改善自身的经济条件和获取便利的融资服务，按照合作经济原则，在合作社内部开展的经济互助活动。从本质看，信用合作是合作社服务功能的拓展，由原来为社员提供生产、供销和技术服务，拓展到为农民提供资金调剂、贸易信贷、担保服务、互助保险等服务。因此，立足于农民合作社提供综合服务的视角，信用合作是合作社服务功能的一个环节和领域。与之相对应的概念有生产合作、消费合作、供销合作等。

需要说明的是，近年来中央和地方有关文件中也使用“农民合作社内部资金互助”的说法。农民合作社内部资金互助是合作社内部成员为了解决经济活动中的困难，而自主发起的一种纯粹的资金融通活动。因此，农民合作社内部资金互助是信用合作的一种主要业务形式。在基层实践中，有些合作社也将农民合作社内部信用合作与农民合作社内部资金互助等同。这是由于，现阶段农民合作社内部信用合作主要表现为资金调剂，其他方面的功能尚未充分发挥，而“货币信用”是实践中最常见、最直观的形式。

2. 资金互助是一种社区互助性金融业务

资金互助是许多发展中国家最流行的非正式金融制度之一。“资金互助”的概念在我国出现较晚。1999 年 1 月，国家统一取缔农村合作基金会。从 2002 年起，姜柏林在吉林省梨树县发动农民开始组建包括消费合作、购销合作、资金互助、股权信贷、互助担保、粮食信托、医疗教育等在内的 10 余个各具特色的合作社。当时，为了避免受到农村合作基金会的影响，又要和农村信用社相区别。在有关专家的指导下，姜柏林决定采用“资金互助”的概念。2007 年 3 月 9 日，中国银监会核准全国首家农村资金互助社——梨树县闫家村百信农民资金互助社开业。自此，农村资金互助社开始成为一个固定的名称。现阶段，资金互助的主要组织载体是农村资金互助社。农村资金互助社是指经银行业监督管理机构批准，由乡（镇）、行政村农民和农村小企业自愿入股组成，为社员提供存款、贷款、结算等业务的社区互助性银行业金融机构。

农村资金互助社与合作社内部资金互助不同。合作社内部资金互助主要是农民专业合作社内部自主发起的一种成员间的资金融通活动，属于类金融业务；农村资金互助社则是正式的金融组织形式，其业务属于规范的金融业务。农民合作社内部资金互助不受行政区域限制，依托主导产业，围绕成员的生产需求提供资金融通服务；农村资金互助社则受行政区划的严格限制，只为本社区成员的生产、生活提供相关金融和信贷服务。

（二）特征分析

信用合作、资金互助和合作金融是三个相互联系又各不相同的概念。

首先，从属性上看，合作金融和资金互助都属于金融业务，而农民合作社内部信用合作属于合作社服务功能的拓展。在现行法律框架下，农村合作金融机构和农村资金互助社都是经银行业监督管理机构批准设立的金融机构，而农民合作社内部信用合作不属于金融业务，只是具备一些金融属性。

其次，从维度上看，与资金互助、信用合作相比，合作金融是一个相对宏观的概念。它主要是从金融学科角度出发进行的划分，与商业金融、政策金融共同构成金融体系。资金互助是合作金融的一种具体表现形式，突出资金融通特性。而信用合作是服务功能的一个环节和领域，而不是拥有独立法人的正式组织。

最后，从功能上看，合作金融较为综合，信用合作的产业联结度较高，而资金互助的社区服务性较强。合作金融有多种组织形式，其服务范围也涵盖生产生活等多个领域。农民合作社内部信用合作必须依托主导产业，围绕社员的生产需求提供融资服务。具体来看，可以包括提前付款、担保服务、直接借款、资金融通、互助保险等多项内容。资金互助的组织载体主要有资金互助社、小额信贷、扶贫互助社等，往往具有互助共济特点，以社区为基础，提供生产生活两方面的贷款。

三、对两个典型案例的分析

下面的两个案例都坚持依托于产业、服务于成员等原则，呈现出规范性、非盈利性和社区服务性等特点，并从不同层面反映了合作社内部信用合作的发展路径。

（一）自主发展型

云南省曲靖市陆良县绿源康生态养殖专业合作社位于陆良县芳华镇蔡官营村，于2009年10月在工商局正式登记注册成立。现有成员115户，各类专业技术人员12人，下设9个分社。合作社于2010年内部成立了信用合作部，正式开展信用合作。截至2014年底，入股信用合作的合作社股东由原来的5户，发展到19户，股本60万元。其中包括：

农户信用合作资金31万元；项目补助资金20万元；9个分社筹集信用合作资金9万元（高强等，2015）。该合作社内部信用合作的主要做法如下。

一是加强资格审查，规范运作程序。借款人必须是本社成员，有较好的信誉，有一定的经营能力。借款成员的家人不能有赌博、吸毒等恶习，并愿意承担还款连带责任。同时，合作社还成立了资金管理委员会，通过了资金使用实施办法，完善了借款手续和审批程序。

二是突出“公益”特色，满足社员需求。借款必须用于合作社的相关生产经营项目。一方面，合作社的所有借款实行“免息期”制度，只针对超过“免息期”的成员，收取一定比例的资金使用费。另一方面，合作社优先扶持新入社成员，重点照顾弱势群体的用款需求，为他们提供生产启动资金。

三是严格用款管理，强化风险防范。合作社委托资金管理委员会，针对成员开展摸底调查，重点了解成员收入来源、家庭资产、产业发展、经营能力等方面的信息。同时，严格控制用款期限和额度，用款期一般为6个月，借款额度为1000～8000元。如需超额借款，成员必须提出书面申请，经理事会批准后方能超额借款，但最高不得超过16000元。

（二）政府规范型

山东省青州市家家富果蔬专业合作社位于青州市高柳镇政府驻地，于2010年8月12日在工商局注册成立，注册资本16692万元，现已发展社员5000人，带动农户10000户，总资产已达8000余万元，年销售收入2.5亿元。目前，合作社产品通过了国家23个绿色认证、11个有机认证和27个欧盟有机认证，拥有“家家富”“广欣”“健昊”3个果蔬注册商标，拥有3项国家专利，是一家集蔬菜种苗培育，绿色有机果蔬种植、加工、销售，农业科技服务，农民信用互助，农资配送供应，现代农业观光、采摘于一体的现代化农民专业合作经济组织。2013～2014年合作社就曾自发地开展信用合作业务，9个多月筹资额达到1600多万元，取得了积极效果。社员贷款的主要用途之一就是修建蔬菜大棚，并用大棚作为贷款的抵押。

从2014年底开始，受合作社涉嫌非法集资的影响，山东省开始对自发开展信用合作的合作社进行清理规范。同时，山东省决定从2015年开始在全省范围内开展信用合作试点。2月，该合作社决定抓住这次机会，积极向上级主管部门申请信用合作试点项目。合作社于6月29日获得地方金融监管管理局颁发的资格认定书，核定信用互助社员人数为1219人，信用互助金额最高为1000万元。截至目前，参与信用互助业务试点的社员存放资金额达到168.59万元，实际发放互助金50人次，发放资金168.59万元。该合作社内部信用合作的主要做法如下。

一是成立内设机构，完善运作流程。合作社内部成立了信用互助部，规范了信用互助业务运作流程，从出资、授信、借款申请、借钱调查、审议通过、签订合同、借款划转、借后调查、借款收回、本金返还等环节形成了一套行之有效的操作办法。例如，在参与信用互助的社员资格上，合作社规定必须是本社社员且满1年以上，银行信用记录良好，并与合作社生产紧密联系。

二是健全规章制度，引入托管银行。合作社理事会讨论完善了信用互助章程，建立了信用互助业务公示制度、信用互助业务风险报告制度，评选出了资金使用评议小组，并做好“五坚持”和“五禁止”。为保证资金安全，并对资金流向全程留痕，山东省确定中国农业银行山东省分行、山东省农信联社为合作托管银行，为试点社提供账户开立、资金存放、支付结算业务。借助托管银行的风控系统和业务平台，合作社经营管理和业务操作水平不断提高。同时，青州市充分发挥农经局、供销社及所在辖区镇政府、街道办事处的作用，设立联合评审小组，共同严把准入关口，建立协同监管制度。

（三）对两个案例的比较

对比这两个案例，可以发现这两家合作社都是在合作社内部开展信用合作，引导社员参与民主管理，并且在准入限制、股金额度和风险管控等方面，有较大的共性。同时，这两家合作社在发展路径、定位与效果等方面也存在诸多不同之处。

一是从发展路径看，陆良县绿源康生态养殖专业合作社属于民间自主发展类型，当地政府没有介入组织发动过程，也没有将其纳入监管范围。合作社的风险防控主要依靠自身力量，充分发挥数额小、期限短、手续简便、信息对称等内生优势开展相关业务。青州市家家富果蔬专业合作社经历了两个发展阶段，第一阶段与绿源康生态养殖专业合作社类似，属于自主发展阶段，第二阶段则是政府精心部署下开展的试点试验阶段，在金融、农业等部门的监管下开展业务。山东省政府办公厅正式下发专门文件，明确了整个试点的制度设计、工作安排和基本规则。当地政府也研究制定了一系列政策措施。这些制度设计和风险防范措施，为青州家家富果蔬合作社开展信用合作业务提供了有效保障。

二是从发展定位看，陆良县绿源康生态养殖专业合作社坚持“不出村、不出社”的基本原则。虽然合作社也强调服务于产业发展，但在实施中坚持以村落为边界，充分发挥地缘、血缘关系和村落共同农业经营形成的无形资本，把信用合作资金限制在可控范围之内，确保资金安全。青州市家家富果蔬专业合作社坚持“依托于产业、服务于产业”的基本原则。按照规定，合作社原则上以行政村为经营地域范围，确有需要的可适当扩大到所在乡（镇）。但在实际运作上，合作社立足于主导产业，充分利用产业链来控制风险，根据成员要求直接将生产资料发放给农户，或者将贷款直接支付给农资供应商或者为社员承担设施建设的单位。

三是从发展效果看，陆良县绿源康生态养殖专业合作社开展信用合作属于自我服务、自主管理，具备扎实的社区基础，更有灵活性和市场活力，但蕴含着一定的风险。青州市家家富果蔬专业合作社开展信用合作属于试点范围，产业特征突出，引入了托管银行，政府监管到位，风险水平低，但成员参与信用合作的积极性明显降低，信用合作效果大打折扣。

这两家合作社开展内部信用合作的案例，代表了两种不同的发展路径，既在业务范围、政府监管等方面折射出一些共性问题，也在风险防控、资金管理等方面面临一些个性特征。这背后涉及的是政府如何定位，即“放到什么程度、管到什么地步”的问题。

四、政策建议

合作社内部信用合作是拓宽合作社服务功能、增强自身凝聚力的重要举措。现阶段，在农村合作金融发展滞后的情况下，合作社内部开展信用合作，可以弥补农村资金互助社发展缓慢的缺陷，缓解农村金融供给不足。但从总体上看，要想有效缓解农民抵押难和贷款难问题，最终需要培育发展正规合作金融组织。因此，信用合作和资金互助应具有不同的发展定位。一个立足产业、一个服务社区，二者互补统一才能真正解决农村金融问题。一方面，要加大农民合作社内部信用合作指导服务力度，将其纳入《农民专业合作社法》调整范围；另一方面，要抓紧起草《农村金融法》，加大农村资金互助社审批力度，建立新型农村合作金融组织体系。具体来看，有以下几点建议。

（一）赋予农民合作社内部信用合作法律地位

《农民专业合作社法》实施 10 年以来，赋予了合作社市场主体地位，为合作社发展提供了法律保障。随着农村分工分业深化，农民之间的合作内容、合作领域和合作形式呈现多元化、综合化等趋势。合作社服务功能将进一步深化拓展，生产合作、供销合作、信用合作将加速融合。因此，应顺应合作社的发展综合化趋势和农民社员的多样化需求，将信用合作纳入法律调整范围，明确合作社内部信用合作的主管部门。鉴于信用合作风险较高、专业性较强，应在修法过程中，将“坚持社员制、封闭性原则，不对外吸储放贷、不支付固定回报”等原则，细化为可操作性条款，并在资金使用管理等方面做出规定。此外，为了避免农民合作社内部资金互助和农村资金互助社相混淆，方便基层部门掌握和操作，建议修法过程中统一采用“农民合作社信用合作”概念。

（二）明确合作社依法自主开展内部信用合作

合作社内部信用合作不是专门的金融机构，只是合作社内部封闭运行的一项业务。建议在符合法律规定的前提下，对于小额、分散的信用合作活动，合作社可以根据成员需求自主发展，不需要政府审批。对于资金规模较大、成员范围较广的信用合作活动，建议按照中央和地方金融监管职责和风险处置的分工要求，由地方政府制定管理细则，明确专门的管理机构，将超过一定标准的合作社内部信用合作活动，纳入监管范围。对于假借合作社名义涉嫌非法集资等行为，建议地方银监部门联合金融办予以打击。同时，鼓励各地参照扶持合作社发展的优惠政策，在资金扶持、信息服务等方面给予政策扶持，促进合作社内部信用合作的健康发展。

（三）妥善处理信用合作风险防控和内在活力保持的关系

农民合作社开展内部信用合作，既要重视风险防控，又要注重实践需求，发挥信用合作的活力。农民合作社内部信用合作，其主要特点在于利用“熟人社会”信息对称、道德风险低的优势，开展灵活便利的资金调剂，弥补正规金融机构程序繁杂、借款成本过高等缺陷。调研发现，有些地方过于强调风险管控，在一定程度上导致合作社内部信用合作失去了自身的优势，从而难以发挥其应有的作用。因此在发展过程中，应重点关注如何平衡风险监管与发展活力的问题，促进合作社内部信用合作更好地发挥作用。

（四）积极推进新型农村合作金融组织培育发展

中央文件明确提出，在管理民主、运行规范、带动力强的农民合作社和供销合作社基础上，培育发展农村合作金融，推进社区性农村资金互助组织发展。发展新型农村合作金融涉及面广、政策性强，应加强组织领导，进一步完善对新型农村合作金融组织的管理体制，明确地方政府的监管职责，支持符合条件的地区农户和合作社依据不同区域特色，因地制宜自主培育发展农村资金互助社等新型农村合作金融组织，鼓励地方建立风险补偿基金，有效防范金融风险。

执笔人：高　强　张照新

参考文献

［1］高强，张照新．日本、韩国及中国台湾信用合作运行模式、发展经验与启示［J］．中国农村经济，2015，10：89~96

［2］高强，张照新，侯美茹．农民合作社开展资金互助的“理想类型”——基于云南省曲靖市绿源康生态养殖专业合作社的考察［J］．中国农民合作社，2015，02：30~31

［3］张照新，曹慧，高强，王维友．农民合作社内部信用合作：实践困境与发展前景［J］．中国农村金融，2015，10：75~77

［4］高强，孔祥智．农民专业合作社与村庄社区间依附逻辑与互动关系研究［J］．农业经济与管理，2015，05：7~14

［5］杨团．新型农村合作金融：特征及体系——浅议山东省新型农村合作金融试点［J］．银行家，2015，08：112~114

［6］苑鹏，彭莹莹．农民专业合作社开展信用合作的现状研究［J］．农村经济，2013，04：3~6

［7］中国农业银行/中国金融四十人论坛编．中国农村金融前沿论丛．2015［M］．北京：中国经济出版社，2015，06：85

专题报告三

新型农村合作金融组织资金互助模式比较研究①

——基于安徽省金寨县的调查

近年来，中央高度重视新型农村合作金融组织发展问题，在历年的中央农村工作会议和中央一号文件中，多次提到“鼓励发展农村资金互助组织、支持农民合作社开展信用合作试点”。在中央的鼓励和支持下，各地在实践中探索出了一些典型的做法与经验。安徽省金寨县是我国农村改革试验区，试验的主要内容就是农村金融综合改革。为了解金寨县新型农村合作金融的发展情况，2017 年 8 月 21 ~ 24 日，调研组赴金寨县开展实地调研，通过召开座谈会、实地考察等形式，对当地农村合作金融组织开展资金互助的典型模式有了较为具体的了解和认识。

---

① 调研组由农业部农村经济研究中心张照新研究员带队，参加调研的还有中国传媒大学经管学院曲小刚教授、惠农兴业现代农业研究中心沈鸿研究员、江苏省农科院农经所廖小静博士后、中国农业大学经管学院吕静博士、中国传媒大学经管学院康文龙硕士。感谢金寨县农发委张明副主任、黄世启科长在调研过程中提供的帮助和支持。

一、金寨县新型农村合作金融发展情况

金寨县地处安徽西部，大别山腹地，鄂豫皖三省结合部，是中国革命的重要策源地、人民军队的重要发源地，总面积3814平方公里，辖23个乡镇，1个现代产业园区，224个行政村，总人口68万，是安徽省国土面积最大、山库区人口最多的县。2012年6月19~20日，时任全国人大常委会委员长吴邦国同志视察金寨，做出了“搞活金寨县农村金融业”的重要指示。2016年4月24~25日，习近平总书记亲临金寨视察，就传承红色基因、推进脱贫攻坚做出重要指示，为老区发展指明了方向，金寨进入了历史上最好的发展时期。

金寨县是农业部认定的第二批国家农村改革试验区，主要负责农村金融综合改革的试验任务。在发展新型农村合作金融组织试验项目中，金寨县相关部门根据当地农村合作金融发育情况，按照“为农性、封闭性、自治性、可控性”原则，突出“政府支持、银行指导、主体运作、支持产业”，遵从方案原则但不拘泥于方案细则，积极探索，成效逐步显现。

一是着力打造新型农村合作金融生态环境。金寨县以建立主体多元、业态丰富、适度竞争、功能互补的农村普惠金融体系为目标，大力发展涉农金融机构，目前全县拥有银行机构10家、网点78个，保险机构14家、证券公司2家、担保机构3家、小贷公司4家、新型农村合作金融组织3家，金融机构齐全度居安徽省县级首位。积极引导金融机构加快建立支农、惠农、便农的“支付绿色通道”，畅通农村地区支付

结算渠道，完善覆盖乡村的可持续发展的基础金融服务供给网络。加快产权交易市场建设，实现全县农村产权交易“统一信息发布、统一资产评估、统一交易规则、统一组织交易、统一产权鉴定、统一抵押融资”的“六统一”运行模式。积极争取安徽省银监局专门针对金寨县银行业机构出台了差异化监管政策，合理确定不良贷款容忍度。

二是出台新型农村合作金融组织发展指导文件。2016 年 8 月 5 日，金寨县农业农村工作领导组办公室制定出台了《金寨县发展新型农村合作金融组织管理办法（试行）》，比较系统地规定了金寨县发展新型农村合作金融组织试点工作中开展农民合作社内部信用合作的指导原则、运作模式、操作规范、风险防控和监督管理办法，使信用合作试点的合作社有章可循。特别是针对当前社会上乱集资造成金融秩序混乱的情况，明确规定了监管办法，让试点合作社走正道、不跑偏，避免给社员造成经济损失。

三是探索形成新型农村合作金融组织试点典型模式。在中央文件精神的指导下，金寨县农发委、村镇银行、供销合作社等部门积极探索，敢于试验，各自牵头开展新型农村合作金融组织试点，形成了三种典型模式：第一，在农发委指导下，以农民合作社为依托，探索形成了“社员股金＋合作资金”的试点模式，选定省级示范社金寨县全军乡剑毫茶叶专业合作社和金寨县鑫源蔬菜种植专业合作社进行试点；第二，在县村镇银行指导下，以农民合作社为依托，探索形成了“社员股金＋银行资金”信用合作试点模式，徽银村镇银行创新开发“普惠通”金融产品，先后在油坊店乡元冲村、梅山镇汪冲村、南溪镇南湾村和青山镇尧塘村 4 个惠民农业服务专业合作社开展信用合作试点；第三，在县供销社指导下，以供销社为依托，探索形成了“供销股金 + 合作资金”的资金互助试点模式，成立资金互助社，聘请专业人员从事互助资金的管理和运营工作。

二、金寨县新型农村合作金融典型模式

（一）“社员股金 + 合作资金”模式

为解决合作社社员小额生产资金不足的问题，在金寨县农发委指导下，在农民合作社内部探索形成了“社员股金 + 合作资金”信用合作试点模式。

1. 操作方式

第一步，在农民合作社内部成立金融信用合作部，信用合作部与农民合作社的财务独立，健全信用合作部的章程、理事会、监事会。第二步，社员入社。由合作社社员提出申请，经理事会审核、理事长审批后，农户缴纳入社股金，建立社员个人账户和个人档案，正式成为信用合作部社员。第三步，社员贷款。需要贷款的社员提交贷款申请书，经合作社考察、理事会审核、理事长审批，签订借款合同，担保社员签字，社员立借据后，合作社放款。第四步，社员还款。贷后合作社对借款社员履行监督义务，及时了解借款社员情况。借款社员在指定期限内到合作社金融信用合作部还款。

2. 主要特点

该模式的主要特点是：建立“以社员入股资金为主、零散存放合

作资金为辅”的资金来源渠道，实现社内合作、封闭运行、成员互助、自我发展。主要特点表现在以下几方面。

一是慎重选定试点主体。坚持积极稳妥推进而不贪多求大，注重合作社历年经营业绩良好，理事长诚信度高并具有服务意识和奉献精神。选定2家合作社进行首批试点（省级示范社金寨县全军乡剑毫茶叶专业合作社、金寨县鑫源蔬菜种植专业合作社）。

二是适当延展服务区域和产业。全军乡剑毫茶叶专业合作社社员辐射面从试点村放宽到全军乡境内，鑫源蔬菜种植专业合作社放宽到白禄桥村和开顺村。支持境内茶叶、养殖和蔬菜等产业。

三是合理设定合作资金来源。农民合作社信用合作资金来源于以下几个方面：入股资金、内部社员闲散资金暂时存放在农民合作社的合作资金、农民合作社提取的公积金和上级拨给的专项资金。单个社员入股资金一般不低于1万元，最高不超过入股资金总额的5%。合作社入股总资金额度不超过500万元。社员入社入股后，发给“股金证”。社员平时的闲散资金可以作为合作资金暂时存放到合作社，单笔存放最高额度不得高于合作社入股资金总额的4%，社员存放合作资金由合作社出具“合作资金存放凭证”。

四是适度规定贷款规模。按照“小额、分散、短期”的投放原则，向全体社员分散发放，向各农业产业分散发放。农民合作社对内部成员贷款，严格执行“九禁止”规定（非本社社员禁止贷款；超过5万元限额的禁止贷款；超过1年期的禁止贷款；前期贷款未还清者禁止贷款；有不良记录者禁止贷款；有不孝、赌博、违法者禁止贷款；没有社员担保者禁止贷款；没有夫妻双方签字的禁止贷款；请客送礼者禁止贷款）。

五是简化操作程序。社员贷款按照“以信誉担保为主，以经济担保为辅”的方式；贷款审批由合作社理事会决定；贷款担保有合作社内部成员联保、农村房屋权证担保、土地承包经营权担保、信誉担保等多种形式。

（二）“社员股金+银行资金”模式

为探索解决农村小农户小额贷款难、担保难问题，安徽金寨徽银村镇银行创新开发出了“社员股金+银行资金”信用合作试点模式。

1. 操作方式

第一步，由村“两委”牵头组织村民自愿出资入股成立合作社（该合作社只为发展社员资金互助而成立，无实质产业支撑），建立健全合作社理事会、监事会。第二步，银行与合作社签订合作协议，明确双方权利义务：由合作社理事会受理并审核社员的贷款申请，并出具同意担保的理事会决议；银行集中进行贷前调查，审批符合要求的，通知借款人签约放款。第三步，贷后通过与借款人所在合作社加强联系，及时了解借款人情况，并定期进行实地贷后检查。

2. 主要特点

该模式的实质是社员小额入股形成互助金，互助金存入合作银行后作为担保金，银行多倍放大贷款额度，解决合作资金不足和抗风险能力弱的问题，形成“银社联手、合作共管、发挥优势、多方共赢”局面。目前已经有3家合作社实行这种模式开展业务。主要特点表现在以下几个方面。

一是创新方式借力推进。借助银行金融人才和风险防控能力优势，银行合作社联手，开展信用合作试点工作，运行过程由银行指导，风险把控能力较强。

二是银行指导防止越位。银行负责人才培训、业务指导，合作社负责社员入股、程序操作。合作社入股资金不能满足社员贷款需要时，银行要从自有资金中扩大贷款投放额度。

三是社员入股银行加资。每个社员交纳 1000 ~ 10000 元的入股资金，成为合作正式成员，发给股金证，享受合作社章程规定的小额贷款权。合作银行按入股资金放大 5 ~ 10 倍投放到合作社社员，可以解决总股金资金不足问题。

四是对内贷款封闭运行。只有正式社员才能贷款，单笔贷款为入股金的 5 ~ 10 倍，贷款期限为 3 ~ 12 个月。

五是社员互保风险可控。贷款人以自身入股资金担保外，另提供 1 名入股社员担保，合作社为社员贷款提供连带保证责任。

六是贷款快捷方便社员。社员从贷款申请到发放一般只要 2 ~ 3 天。

七是特色明显复制推广。按照这种模式，2016 年徽银村镇银行成功复制，目前共在 4 个惠民农业服务专业合作社开展信用合作试点，同样取得较好效果。

（三）“供销股金 + 合作资金”模式

为服务成员、谋求全体成员的共同利益和实现成员自我发展，在县供销社指导下，探索成立了“供销股金 + 合作资金”资金互助试点模式。

1. 操作方式

第一步，由金寨县供销商业总公司和 6 家农民合作社理事长发起成立金寨供销农副产品专业合作社，合作社内部设立供销资金互助社。第二步，社员入社。社员申请入社，经理事会审核和理事长审批，缴纳入股金和入社费，建立社员个人档案和个人账户，即成为资金互助社社员。社员闲散资金可以存入资金互助社，存取自由。第三步，社员借款。社员提交借款申请书，合作社考察、理事会审核、理事长审批，签订借款合同，担保社员签字，发放贷款。第四步，监管和还款。社员借贷资金由资金互助社进行贷后跟踪和监督，社员在制定期限内到互助社网点还款。

2. 主要特点

该模式的实质是县供销社主导成立资金互助社，为社员提供服务，解决社员生产资金需求及其他生活应急需要。资金互助社聘请专业人员进行管理，按照“封闭式、区域性、为农性、可控性”的原则运营。

一是供销社为主导。此模式下成立的资金互助社由县供销社指导并开展运营。注册资本 500 万元中，县供销社占 91% 的股份，其他 6 家农民合作社理事长共占 9% 的股份。

二是设立分支网点。目前资金互助社在金寨县域范围内共设有 5 家网点分支机构，工作人员 23 人（其中总部 4 人），月工资人均 2000 ~ 3000 元。

三是银行模式运作。资金互助社设立营业柜台，理事长和总经理均为金寨县银行机构退休的专业人员，具有正规金融机构的工作背景和管理方面的专业技能。资金互助社的运营按照银行系统的控制指标进行风险防控，同时结合农村“熟人社会”的特点，进行贷前审查和贷后跟踪监管。

四是互助资金扩张。由于资金互助社运营规模较大，成本较高，成立一年来盈余为负 100 万元，目前具有较强的扩张冲动。据理事长介绍，按照目前情况，互助金需达到 8000 万元才是互助社的盈亏平衡点，当务之急是把社员的基数做大。

五是同系统部门监管。金寨县对于农村合作社金融组织的监管要求是“谁成立、谁负责”，故资金互助社属于县供销社监管，而供销社与资金互助社属于同一系统，只是级别和业务方向有所区别。

三、金寨县新型农村合作金融发展成效及存在问题

（一）发展成效

以建设国家农村改革试验区为契机，金寨县的农村金融生态环境和金融基础设施得到了快速发展，农村合作金融作为农村金融改革的主要内容之一，在各部门的大力支持下，也取得了显著成效。

一是支持了农业产业发展。截至 2016 年 7 月底，金寨县信用合作共计在 5 个试点合作社向 67 位合作社社员发放了总计 564 万元。部分解决了白禄桥村、元冲村、汪冲村茶叶产业和南湾村养殖业的流动资金需求。

二是提高了社员诚信意识。为提高农民诚信意识，大力倡导“讲诚信、讲信誉”的风尚，树立“贫可贷、富可贷，不讲信誉不可贷”的理念，并大力推行。

三是拓宽了农民融资渠道。试点一年多来，很多农民由衷地说：“过去我们从来没有在银行贷过款，现在这种贷款方法让我们找到了好

路子，简单、易行、快捷、好操作，我们一学就会，我们欢迎做长远一点。”这改变了中、农、工、建等商业银行对农户基本不开展小额贷款业务的现状。

四是助推了农户脱贫致富。对于想干事、能干事但又缺乏创业启动资金的农户，在了解他们的资金需求后，合作金融组织上门调查了解情况，快速反应，提高办贷效率，及时将贷款发放到位，不但解决了借款人创业脱贫的实际困难，也带动其他农户发家致富。

（二）存在的问题

虽然金寨县的农村合作金融改革取得了积极效果，但也存在着一些问题亟待解决。

1. 农民合作社内部开展资金互助的积极性不高

农民合作社内部开展社员资金互助涉及金融业务，对于农民合作社来说，真正能够弄懂业务规则，并能顺利组织开展此项业务的合作社负责人很少。据金寨县农发委黄世启科长介绍，最初选择合作社开展资金互助业务时，所有合作社的积极性都不高，一是合作社都有自己的产业要经营，没有时间干这个事情；二是绝大多数合作社负责人都不懂此项业务。有想干此项业务的合作社理事长，但考虑到其人的做事风格将会导致的风险因素，又不敢让他干。所以，最后需要找到既懂金融业务又有能力且有口碑的合作社负责人，在农发委的指导下开展试点。此外，金寨县农村合作金融监管实行“谁主管、谁负责”的原则，从风险的角度考虑，政府相关部门也不愿放开手脚发展此项业务，而是局限在有限的试点范围内，导致出现“主体不愿做，政府不敢做”的现象。

2. 农村合作金融试点的风险防控问题需引起重视

农村合作金融的风险防控问题一直是此项业务迅速推开的难点。金寨县属于农村改革试验区，鼓励金融创新，从调研情况看，该县发展农村合作金融试点的内容和模式较为丰富，但深入研究发现，金融风险的防控问题值得重点关注。以县供销社出资入股成立资金互助社为例，资金互助业务开展的目的，是为了解决社员短期、小额、急需的生产和生活资金，金融是手段，产业才是支撑，但该资金互助社建立了类似银行的资金存储机制，只要存入资金就能成为社员，并在县域范围内设立分支机构，用于吸储和放贷。这明显违背了中发〔2015〕11 号文（《中共中央、国务院关于深化供销合作社综合改革的决定》）中“有条件的供销合作社要按照社员制、封闭性原则，在不对外吸储放贷、不支付固定回报的前提下，发展农村资金互助合作”的相关精神，而且该资金互助社不受银监部门监管，其出资主体（县供销社）负责其监管业务，这种“既当运动员又当裁判员”的做法较易出现大的金融风险。

3. 农村合作金融试点的公益性和商业性较难兼顾

在农民合作社内部开展资金互助业务兼具公益性和商业性特点。公益性在于业务开展以普惠为目标，合作的目的在于弥补“正规金融不愿涉足成本较高的农村金融领域”的不足；商业性在于业务开展仍然遵循市场化运作规则，商业可持续性是此项业务顺利运行的基础。从调研情况看，三种农村合作金融组织开展资金互助业务的典型模式比较，村镇银行指导下的资金互助模式运行效果最好，既满足了合作社社员发展需要，银行又能够实现商业上可持续，但与银行其他涉农业务相比，此类模式的收益偏低；县农发委指导下的资金互助模式可持续性较差，合作社理事长明确表示，目前112万元的资金池还不足以实现盈亏平衡（盈亏平衡点为300万元），而如果大肆扩张业务，势必形成较大风险，监管部门肯定不允许；县供销社主导的资金互助模式，完全市场化运作，资金池要做到8000万元才能实现盈亏平衡，风险最大。所以，如何在农村合作金融业务中兼顾公益性和商业性，制度安排上需要考虑弥补公益性造成的风险贴水。

四、几点思考

（一）关于农村合作金融组织业务开展的定位问题

农村合作金融是基于“熟人社会”理论并运用于中国农村金融实践的制度安排，由于农民的金融需求呈现多样性、多层次的特点，所以农村合作金融组织的成立和业务开展应有其自身的定位。

从调研情况看，以农民合作社为依托的农村合作金融可以分为两种类型：一种类型是在农民合作社内部成立资金互助部门，以农民的互助资金作为融资来源，用于解决农民生产和生活上的小额、短期、应急资金需求，一般为3万元以下；另一种类型是以农民合作社社员的互助资金作为抵押或担保，从外部金融机构进行融资，与第一种模式相比，此类型资金互助模式可以解决农民稍大点的资金需求，一般为3万~10万元。此外，还有类似农村资金互助社这样的准金融机构（如金寨县供销社主导成立的资金互助社），此类模式可以解决农民或农村经营主体（家庭农场、合作社、企业等）更大的资金需求，有的可以达到上百万元。

不同定位的农村合作金融机构及其业务的开展，其特点各不相同。为更好地发挥其在农村经济中的积极作用，要针对不同发展模式给予不同的政策指引，引导农村合作金融健康有序发展。一是对“社员股金+合作资金”模式要规范发展。此类模式是社员与专业合作社内部发生借贷关系，这是真正意义上的资金互助。一定要坚持“社员性、封闭性、三农性、互助性”的原则，资金互助的范围不能超越农民专业合作社社员的范围；不吸收存款，只向社员发放贷款，资金封闭运营；以资金互助支持生产合作；不以盈利为目的，只为成员提供互助服务。二是对“社员股金+银行资金”模式应积极推进。此类模式社员与正规金融机构发生借贷关系，专业合作社为社员提供担保，无论是依托社区的担保互助形式，还是依托产业的担保互助形式，其目的是获得正规金融机构的信贷支持，解决农民缺乏抵押物的困境，通过资金互助，建立联合担保机制，以获得正规金融机构的担保贷款。这种创新，其风险可控，值得支持和推广。三是对“供销股金+合作资金”模式要严格管理。此类模式类似准金融机构，如果不加以严格监管，风险较大，特别是对违规经营的“山寨银行”要及时查处和关闭。对于对外吸储或高息放贷的资金互助组织，地方政府要组织力量尽快查处，以维护地方金融稳定。

（二）关于农村合作金融组织发展的支持与规范问题

农村合作金融带有公益属性，特别是合作社内部的资金互助业务，如果按照中央文件中“对内不对外，吸股不吸储，分红不分息”的要求严格执行，对于合作社社员和理事长来说，均缺乏足够的激励。所以，对于此类带有公益性质的农村合作金融业务需要“看得见的手”来弥补市场失灵。一是对互助金进行风险贴水。农民合作社内部社员的内源性融资资金有限，容易造成旺季互助资金短缺，淡季互助资金过剩的情况；此外，互助金规模过小，其收益往往覆盖不了经营成本，更不用说实现合理的利润。所以，政府要通过建立风险基金、政策支持等方式，对互助合作资金的风险进行贴水，来弥补公益属性造成的市场失灵现象。二是制度设计要考虑实际情况。信用合作的基础股金或社员股金类似于《公司法》中的“股份”，按其本质可分红而不支付固定回报。但对于互助金，如不支付固定回报将面临资金“用脚投票”，信用合作将无法运转。从调研来看，实践中开展此项业务的农民合作社均给社员承诺了一定的利息收益。因此，从实际出发，建议允许对吸收的互助资金事先支付固定利率，但为了防止社员将缴纳互助资金作为投资盈利手段，应对其支付的利息水平进行适当限制，以略高于当地农村信用社同期限档次的利率为宜，促进更好实现资金互助目标。三是规范盈余分配机制。从调研情况看，农民合作社开展资金互助时，比较注重维护股本金和互助金出资者的利益，而对互助金使用者的利益关注不足。事实上，使用互助资金的社员才是弱势群体，更需要互助资金的支持帮扶。因此，在盈余分配环节要按照有利于实现资金互助合作目标的原则，充分考虑借用互助资金的社员参与盈余分配问题，兼顾处理好互助金供求双方、股本金缴纳者的利益。

（三）关于农村合作金融业务的风险防控问题

风险控制是金融业务的核心，农村合作金融业务尤其要注意风险防控。调研组认为，要从内部制度设计和外部管理规范两个方面加强合作金融业务的风险防控。一是规范账户管理。完善账户管理制度，坚持资金分账管理。合作社的对公账户和合作社开展信用互助业务的对公账户应该分开，而且要建立在同一金融机构内，对公账户和社员个人账户也应建立在同一金融机构，便于监管。二是完善农村抵押担保机制。在坚持以信用方式为主发放互助金的基础上，也可结合社员实际，引入合理的抵押担保机制，将更有利于防范互助资金风险。例如，选择土地承包经营权、宅基地使用权、生产资料使用权等符合社员实际的抵押物，简化评估抵押手续，尽可能降低社员使用互助资金的抵押成本。三是合理利用大数据进行信用评定。资金互助基本都是在农民合作社基础上发展起来的，社员之间及社员与农民合作社之间需要进行生产资料、产品等交易，可在农民合作社内部建立社员的交易数据系统，发挥大数据在评定社员信用评级中的积极作用。四是利用保险进行风险防控。支持加快发展农业保险，事前锁定风险并实现转嫁，降低自然灾害对农民收成的影响，从而促进资金互助业务的可持续发展。发挥财政资金的杠杆作用，加大对社员购买保险的支持力度。五是严格落实监管主体和责任。2017 年中央一号文件明确指出：“规范发展农村资金互助组织，严格落实监管主体和责任。”加快建立专门监管机构，提高人员专业监管能力和水平，支持资金互助业务规范和健康发展。从促进资金互助合作发展的角度出发，应创造宽松环境，实施非审慎监管。

执笔人：谭智心

专题报告四

日本、韩国及中国台湾信用合作运行模式、发展经验与启示

党的十八届三中全会和近几年的中央一号文件都明确提出，允许农民合作社开展信用合作。各地农民合作社开展信用合作的积极性很高，但目前中国政府对于如何指导、服务合作社开展信用合作以及如何防范金融市场风险，还没有明确的实施方案和操作办法。自 1849 年德国人雷发巽创建第一家农村合作金融组织以来，信用合作运动已经走过了 160 多年的历史，成为一些国家农村金融体系中重要的组成部分。经过 100 多年的发展，开展信用合作的国家或和地区已先后形成了各具特色、系统完备和制度规范的合作金融体系。实践证明，信用合作在支持合作社发展壮大，帮助农民增收，促进农业与农村发展等方面发挥了重要作用。日本、韩国及中国台湾地区在农村合作运动的过程中，积极开展内置型、综合性合作金融，取得了积极成效。由于这些国家和地区与中国内地具有相似的文化传统、资源禀赋和社会结构，总结和借鉴其信用合作的发展经验，对研究和制定农民合作社开展信用合作的相关政策

以及深化农村金融改革，具有重要的指导意义。

一、东亚农业合作社发展现状及信用合作业务

日本、韩国以及中国台湾地区的农业合作社、农民合作社都有着100年以上的发展历史，在世界合作经济领域形成了独具特色的“东亚模式”。这种模式的合作社以日本最为典型，韩国以及中国台湾地区深受其影响，并结合其具体实际进行了一定程度的改革与创新。“东亚模式”的主要特点是以综合性服务为主，即根据农民的生产生活需求，开展多种多样的服务。特别是在合作金融方面，日本、韩国及中国台湾地区农业合作社、农民合作社都重视信用合作业务，设立了单独的信用合作部，并以此为基础建立了体量庞大、功能完善的合作金融体系。农业合作社、农民合作社及其信用合作业务为日本、韩国及中国台湾地区农业发展做出了巨大贡献，对于农民增收、农业产业发展和农村社会稳定发挥了关键作用。

（一）日本农协及其信用合作业务

日本农协的前身可以追溯到二战前的农业会，农业会具有产业协会的性质。1947 年 11 月，日本以罗虚戴尔公平先锋社原则为基础，颁布了《农业协同组合法》，为农协发展奠定了法律基础。20 世纪 50 年代中期，日本开始对市町村进行合并，也带动了三级体系农协的合并。1961 年，日本在制定《农业基本法》的同时也制定了《农协合并补贴法》，在政府的支持下农协加快了合并的进程。据统计，截至 2014 年

12 月，日本共有各种全国性农协联合会 18 个，都道府县农协联合会 207 个，基层综合农协 708 个，各类专业农协 2011 个。日本 90% 以上的农户是农协的社员。农协共有社员 969 万人，其中，正社员 472 万人，准社员 497 万人。

日本农协以独立于商业银行的方式开展信用合作，开设吸收社员存款、办理结算和发放贷款等业务。农协的存款利率一般比其他银行高 0.1 个百分点，并可以自主决定贷款利率、贷款额度及投向，实行独立核算、民主管理。在不损害社员利益的前提下，农协也可以向非社员贷款，但规定贷款数额不超过贷款总规模的 20%。基层农协是直接与农户发生信贷关系的机构，入股的是市町村的农民，农协还要求农户把农产品销售款及从农协分到的利润的一部分或者全部存入农协信用部门。社员购买农资、销售农产品等现金收支等活动，均可以在基层农协内部的各个部门之间实现，从而降低了交易成本。信农联是日本农村合作金融体系的中层机构，在基层农协和农林中央金库之间起桥梁纽带作用。农林中央金库是整个农协信用合作系统的最高层，由各地农业渔业信用联合会、森林组合联合会以及其他团体出资构成。它在全国范围内对资金进行融通、清算，按照国家法令营运资金，并向信农联提供信息咨询等服务，指导信农联的工作。在满足信农联的资金需求后，农林中央金库也向涉农企业例如生产化肥、农业机械等的大型企业发放贷款（陈家涛，2011）。

从经营规模来看，随着农协准社员数量的增加以及农民收入的大幅提高，基层农协的各项存款余额呈逐年递增的趋势。1990 ~ 2010 年，日本基层农协吸收的储蓄从 561629 亿日元增加到 875401 亿日元。然而，相较于逐年增加的储蓄来看，农协贷款的增加幅度并不明显，存贷比率基本维持在30%左右。在这种情况下，日本农协信用合作业务呈现出多样化的发展趋势，各级机构向上转存到农林中央金库的剩余资金可以用于证券投资等业务。近年来，农林中央金库的证券投资业务占经营活动的比重很大，到2005年以后，投放到证券上的金额甚至达到发放贷款的3倍（刘洁、张洁，2013）。

（二）韩国农协及其信用合作业务

韩国农协的前身最早可以追溯到日本殖民统治时期成立的金融组合。1907年，在日本殖民势力的指导下，韩国成立了合作信贷联盟。信贷联盟不断发展壮大，成为二战结束后农业银行的重要组成部分。1957年，韩国颁布《农业协同组合法》。1958年，韩国农协中央会依法成立。1961年7月29日，韩国朴正熙政府颁布了新的《农协法》。依据该法，当时的农业银行并入了农协中央会，改为农协银行，成为韩国农协内部的信贷部门。2000年，韩国又将独立经营的畜协中央会等并入农协中央会。有资料显示，2010年底，韩国农协的总资产为286.97万亿韩元，税后利润高达7047.27亿韩元（杨团、孙炳耀，2012）。截至2015年11月，韩国共有农民284.7万人（约占全国总人口的5.5%），加入农协的社员2314210人（含法人社员），基层农协1134个，各类专业农协99个。

金融事业是韩国农协盈利能力最强的部门，支撑着农协组织的运行，并为其他事业提供资金支持。韩国农协的金融事业由农协银行和信用合作业务两部分组成。农协银行是由农协中央会出资成立，是适用

《农协法》的特殊法人。为适应市场竞争的需要，2012 年 3 月 2 日，农协银行从农协中央会正式分离，成为农协中央会控股、保留农协标识的独立银行。新的银行总资本达 15 万亿韩元，其中，政府出资 5 万亿韩元，农协中央会出资 10 万亿韩元。农协的信用合作业务继续保留，并以基层农协信用部为载体，为社员提供金融服务。基层农协的信用合作业务始于 1969 年，主要包括农户的自我服务和支持农协相关业务的开展。2010 年末，信用合作部存款余额 195 万亿韩元，贷款余额 134 万亿韩元，存贷比率为 68.7%。2010 年末，农协中央会合作金融资产有 65 万亿韩元。从员工结构来看，韩国基层农协的雇员总数约 7 万人，其中 70% ~80% 从事金融业务。农协中央会的雇员有 2 万多人，其中约 1.5 万人从事金融业务，行政办公人员仅约 500 人（杨团、孙炳耀，2012）。可见，信用合作部是韩国农协的骨干部门，在农协整个运营过程中占据重要地位。

（三）中国台湾农会及其信用合作业务

中国台湾地区的农业合作组织包括农会、农业合作社、合作农场、农业产销班等多种形式。台湾农会是具有多目标的综合性的农民合作组织，从事推广、供销、信用、保险等多项事业。台湾开展信用合作的农业合作组织以农会为主，资金规模最大，影响也最为深远。台湾农会的前身是日本殖民统治时期的农业会，由农会系统（含农会及畜产会）及产业协会（含信用、购买、贩卖、农业服务等产业协会）合并而成。目前，台湾的三级农会分别是省农会、市县（市）农会和乡镇农会，总数为 343 个，其中，省级农会 13 个，县（市）级农会 25 个，乡镇级农会315个，基本上是一个乡镇一个农会，少数地方由相邻的两三个乡镇共同组织一个农会（郑少红，2009）。到2014年底，台湾农会有团体会员（单位数）301个；有正式会员1002316人，其中，自耕农907142人，佃农48308人，雇农44291人，其余为农校毕业人员和农林牧场员工；有赞助会员908222人；团体赞助会员中，农业合作组织有436家，企业有1394家。

根据“农会法”规定，台湾基层农会可设有信用部县（市）农会和省农会。目前，农会信用部已遍及全省各地。2014年底，台湾农会共有设信用部的办事处584个，另有纯信用部分部250个。农会信用部的主要功能是有效利用会员储蓄，为会员提供贷款，并支持其他部门发展。2014年，台湾农会信用部存款额约为1.66万亿新台币，其中，正式会员存款6987.3亿新台币，存款来自会员、赞助会员、基层农会的内部存款和其他公共团体、机关。2014年，农会信用部贷款额约为9282亿新台币，贷款对象包括正式会员、赞助会员、部分非会员以及政府部门等。按规定，信用部应将70%的存款用于贷款，以实现“取之于农，用之于农”的目标。统计显示，2014年，台湾农会信用部门净盈余53.68亿新台币，而供销部门盈余仅为5.6014亿新台币。可见，台湾农会的主要收入来自信用部门。

二、东亚信用合作的运行模式

（一）以农村社区为基础，开展综合经营

日韩两国农协以及中国台湾地区农会都是以农村社区为基础，提供

综合性服务为主的合作经济组织。综合型合作模式成为这些国家和地区农业合作社运作的主要特征特点，即以农村社区为基础，以信用、保险等金融业务为主要收入来源，提供多样化、个性化服务。这种综合型合作模式只有植根于社区，才能获得持续不断的发展动力。例如，日本农协一直把农村社区作为它的组织基础，在整个农村社区内组织农民，而农协的区域垄断性特点，也成为承办信贷业务的综合型农协实现地区垄断的组织基础（孔祥智等，2012）。

传统农户的分散性、兼营性等特点，要求合作社为他们提供综合性服务。因此，日韩两国的农协都开展了与农民生产生活密切相关的销售、供应、金融、保险、生产经营指导、仓储运输、福利、生活、文化等各项业务（耿大立，2013）。与日韩相似，中国台湾地区的农会也充分利用各种资源，设立信用事业部、运销事业部、推广事业部、家畜保险事业部等部门，同时开展推动金融、购销、推广、保险等多样化服务，使其具备经济性、服务性、教育性、社会性等多方面的功能（袁月兴等，2012）。

（二）依托三级体系，实行双层经营机制

在组织体制上，日本、韩国及中国台湾地区农业合作社、农民合作社都建立了三级体系架构。日本农协分为全国、都道府县和市町村等三个层次。与之相对应，日本的信用合作体系也分为基础农协信用合作部、县（都、道、府）信用农业协同组合联合会（县信联）、全国信用农业协同组合联合会中央会（农林中央金库）三个层次。在全国和中间层次，又有农业、林业、渔业三种不同行业的信用协同组合联合会

（李富有、冯平涛，2005）。三级组织之间是业务的指导关系，不存在领导与被领导关系，各个主体实行独立核算、自主经营。长期以来，韩国和中国台湾地区农民合作社也实行了三级体系。不同之处在于，近年来，为了提高农协的竞争力，日韩两国都在极力推行基层农协合并以及取消中间层次，以简化其层级。

同时，为了适应金融自由化的趋势，在坚持合作制基本原则的同时，提高信用部门的收益，日本、韩国及中国台湾地区都加大了信用合作部门的改革力度，实行了双层的经营体机制。例如，2012 年之后，韩国农协中央会按照所有权与经营权相分离的原则，使经济事业和金融事业独立，由农协中央会出资新成立农协经济股份公司和农协金融股份公司，实现了经营体机制的创新。这项改革既保持了合作社的基本属性，又可以实行企业化经营（申龙均，2012）。双层经营体机制的特点在于：从结构上看，农协中央会以商业化资本运营为主，具有较强的盈利能力；基层农协的信用合作业务恪守互助原则，以信用合作为目的，基本是保本微利经营。这样，韩国农协通过搭建双层运作模式，建立了中央农协与基层农协、各事业部之间分工合作的协调发展机制（方德铸等，2004）。同样，日本基层农协信用部门的业务范围包括吸纳存款、发放贷款和系统内“上存下借”结算性贷款，不能向本系统以外发放贷款。而农林中央金库可以根据《农林金库法》在全国范围内对系统内资金进行融通、调剂、清算；另外也发行农村债券，可贷款给关联大型企业（温信祥，2013）。

（三）引入双重监管，构建多层次风险防范制度

强化监管是防范金融风险的有效途径。为维护信用合作的稳定，日

本、韩国及中国台湾地区都加大了监管力度，构建了合理的风险防范制度。日本农协一直坚持内外监管相结合的原则，建立了双重监管制度。一方面，政府金融监管厅对包括农协系统在内的各类金融机构进行监管。同时，农林水产省金融科以及各级政府下设的农政局也分别对农林中央金库、县信联以及基层农协信用合作部进行监管。另一方面，为保证农协信用合作健康运营，农协还建立了自我监督机制，农协中央会设“监察士制度”，农协监察士经常到基层农协和地区联合会检查账目（刘洁、张洁，2013）。

为保护社员农户的利益，保证农业金融体系稳健运行，日本还建立了完备的风险防范制度，主要包括：农村信用保险制度、相互援助制度、存款保险制度、农业灾害补偿制度以及农业信用保证保险制度等（李富有、冯平涛，2005）。韩国同样也建立了一系列风险防范制度，以缓解农协发展资金不足的压力，保障农协信用合作业务的稳定。例如，韩国政府的信用保证基金为农协贷款提供担保，以降低农协贷出资金的风险（杨团、孙炳耀，2012）。韩国为了支持基层农协重组和开展业务，由基层农协按照金融业务营业收入提取2‰，农协中央会配套同等数量的资金，建立了信用合作援助基金。此外，为了及时化解信贷风险，防止风险资产积累，韩国政府允许农协根据贷款风险程度自主建立呆账准备金制度（方德铸等，2004）。这些国家和地区的监管体系与风险防范制度不仅提高了合作社的信用程度，有效防范和化解了金融风险，还维护了社员及其他存款主体的利益，保证了合作社健康发展。

（四）区分成员资格，建立分级会员制度

伴随着城市化进程，日本、韩国及中国台湾地区农业与农村都呈现

出不同程度的衰落现象，集中表现为农民数量减少、农业萎缩与农村凋敝。这些现象给合作社运营带来了严峻的挑战。一方面，农民数量减少，社员数量也随之减少。另一方面，城乡之间的频繁交流，使得农村地区非农户迅速增加，成员身份异质性增强。农协既要维持其合作制基本原则，又不得不面对非农户利用者逐渐增多的现实。为了克服这一矛盾，日韩两国农协在成员资格上进行创新设计，建立了"正社员—准社员"制度。对于非农户的"准社员"，日本农协规定，他们只有参与权，没有选举权和被选举权，并且他们利用农协各种服务设施的总额原则上不得超过社员利用总额的20%（郑晓燕等，2007）。然而，一个无法回避的事实是，随着城市化进程加快，为利用农协信用事业而申请加入农协的准社员即市民的数量逐年扩大，并远远超过了农户社员数量。例如，到2010年年末，韩国农协的准社员已经高达1448万人，是正社员的6倍（杨团、孙炳耀，2012）。

中国台湾农会亦有正式会员和赞助会员之分。台湾"农会法"规定：凡年满20岁，设籍农会组织区域内，实际从事农业的自耕农、佃农、雇农，农业学校毕业或有农业专著或发明、现在从事农业推广工作者，服务于依法令登记的农、林、牧场员工并实际从事农业工作者，可申请为农会正式会员；年满20岁，设籍农会组织区域内，不合前项规定者，可成为农会赞助会员；依法登记的农业合作组织、公司、行号、工厂也可成为农会赞助会员。正式会员和赞助会员的主要区别在于前者拥有选举权和被选举权，后者则没有。除此之外，二者享受的其他权利相同（孔祥智等，2012）。

三、东亚信用合作的发展经验

（一）信用合作是合作社发展的动力基础

信用合作的开展有力地促进了合作社的发展壮大。例如，韩国农协的发展，很大程度上依赖的是金融资本的盈利能力。从 1969 年开始，韩国就支持基层农协开发新业务，设立了信用部。农业银行合并到农协系统之后，银行的利润缴给农协中央会，基层农协信用部的利润缴给所在基层农协，农协其他事业的发展逐渐稳定。2012 年，农协银行从农协系统独立后，韩国农协中央会作为其最大股东，每年的股权收益约 5000 亿韩元，还有 1000 亿韩元品牌使用费。这些资金成为韩国农协支付运营成本、支援基层农协以及开展其他业务的基础（杨团、孙炳耀，2012）。此外，信用合作业务的开展还可以提高合作社的凝聚力，激发合作社的活力。实践表明，信用合作业务的开展还可以间接提升基层农协的生产加工能力、市场销售能力以及品牌建设能力。正是由于信用合作业务的开展，合作社才拥有可持续的经营能力和盈利基础。

（二）信用合作提升了社员的民主管理意识

合作社是一个“民办、民管、民受益”的自我服务组织。与其他业务相比，信用合作业务对于农户的吸引力最高，利益攸关性最强。在信用合作的带动下，日本、韩国及中国台湾地区农业合作社、农民合作社组织体系不断完善，成为培育社员民主管理意识的摇篮。实践证明，社员通过参与信用合作等社务管理，提高了自主性与自治能力；反过来，合作社各层次的社员代表大会、董事会和监事会又保证了社员的管理权利不受侵犯。例如，1989 年，根据新修订的《农协法》，韩国农协负责人由任命制改成直选制。农户直接选举基层农协的农民理事长和理事会成员，再由农民理事长选举代表，组成农协中央会的农民理事长代表会议，直选中央会的会长。至此，各届农协中央会的会长均为由基层选举上来的农民（杨团、孙炳耀，2012）。而在这一过程中，社员的民主法治精神增长，管理能力得到提高。

（三）信用合作是农村金融的供给主体

合作社开展信用合作可以为农业和农村发展提供有效且低成本的金融支持。进入 21 世纪以来，日本农协一直是涉农贷款的主要供给方。据日本银行发布的《金融经济统计月报》的统计数字显示，日本 70% 以上的涉农贷款都来自于农协的信用合作部门（刘洁、张洁，2013）。同时，日本农协坚持“需求追随型”发展战略，在农业发展的每个阶段，根据社员资金需求的特点，创新金融服务，提供有针对性的产品，极大地满足了社员的资金需求，在农村信贷市场中上居于主要地位（温信祥，2013）。韩国农协同样强调，农协要通过信用合作来支持农业生产，优先为低收入、无抵押品的困难社员农户提供金融服务（程万鹏，2013）。韩国农协信用部门还设立了专门的担保基金，为那些发展农业或渔业需要资金却又没有抵押品的农民和渔民社员提供信用担保。

（四）信用合作助力农民合作社成为政策落实的重要渠道

日本、韩国及中国台湾地区农民合作社在运营过程中都不约而同地承担了相当一部分政府经济职能，是政府政策执行和落实的重要渠道。在履行这种职能的同时，合作社与政府形成了良好的合作关系。合作社作为农民利益的代表，向政府表达农民的利益诉求，参与农业法律和政策制定，并保护农民权益（耿大立，2013）。例如，日本政府将农副产品收购业务和一些国家政策性金融业务委托给农协办理（刘洁、张洁，2013）。韩国农协自主发放农业贷款并接受政府委托发放农业政策性贷款，为农业和农村提供多层次全方位的金融服务。中国台湾地区农会通过承接政府委托的补贴发放、政府项目论证及实施、涉农贷款贴息、粮食收购加工储藏、军事单位食品供应等事项（何文君、唐甲良，2013），不仅密切了与政府的合作关系，也促进了合作社与社员之间信任关系的强化。

四、对我国的启示

近年来，由于经济自由化加快、农业技术变革、农产品市场需求变化加速、农产品成本持续上涨以及合作社自身管理和体制上的原因，东亚农业合作社在发展过程中面临着一系列挑战。就信用合作而言，一方面，日韩两国的农协以及中国台湾地区农会都过于倚重经营利润大的金融事业，而忽视农产品生产、购销等经济事业，使得为社员服务受到制约，招致社员的不满。另一方面，在金融多元化和自由化的压力下，信用合作必然面临着竞争的压力，收入减少和效益下降明显。为了应对挑战，日本、韩国及中国台湾地区纷纷通过农协信用部合并、股份改革以及业务转型等方式进行整改，力求突破金融困境。东亚农村合作金融有着悠久的发展历史。无论是经验，还是问题，对于我国农民合作社开展信用合作都具有重要借鉴意义。

（一）加快立法进程，确立信用合作法律地位

合作社开展信用合作需要政府的立法保护和政策支持，这是合作金融发展不可缺少的外部条件。日本农协信用合作的规范健康发展，离不开法律法规的保障。日本出台了《农业协同组合法》和《农林中央金库法》两部综合性的农村合作金融法，详细规定了农村合作金融机构的经营范围、监管事项和权限等，一切农村合作金融活动都必须严格遵守这两部法律规定。为了更好地适应农村合作金融市场的发展变化，日本《农林中央金库法》从颁布至今也先后修改了67次之多。除此之外还有《临时利率调整法》《农协财务处理基准令》以及《农业灾害补偿法》等法律法规。有了法律的保驾护航，农村合作金融的运作有法可依、有章可循，避免了不规范操作带来的经营风险（刘洁、张洁，2013）。从韩国农协的发展变革来看，韩国《农业协同组合法》于1961年、1980年、1994年、1999年、2004年进行过较大的修改，农协组织结构与职能则在法律的框架下进行调整。农协中央会就是依据《农业协同组合法》授权开展各种金融业务，依法成为特殊的金融机构（周静等，2004）。中国台湾地区于2003年颁布《农业金融法》为农会、渔会等合作组织开展信用合作提供了法律保障。

目前，我国仅有一部合作社法律制度，并且仅限于农民专业合作领域。针对我国合作社法律建设滞后的现状，建议立法机关在加紧修订《农民专业合作社法》的同时，加快《农村金融法》《合作金融法》等

相关法律的立法进程，通过法律体系引导合作社规范发展。例如，在信用合作方面，应当在法律修订中，明确提出合作社内部开展信用合作的原则规定，明确农业部门对合作社信用合作业务指导和监管职责，使合作社信用合作内部运行与外部监管均纳入法制化轨道，提高农村合作金融机构风险防范能力。

（二）加强宏观协调，构筑农村合作金融体系

农业合作社的发展离不开金融的支持。韩国农协通过互助金融业务，不仅解决了资金筹集问题，而且给农民提供信用合作业务，满足了成员的资金需求。我国台湾农会的发展经验同样表明，健全的合作金融体系是合作社得以成功的重要原因。农村合作金融既包括纯粹搞资金互助业务的金融合作社或农民资金互助社，又包括农民专业合作社内部开展的信用合作。一方面，我国政府应当明确各类农村合作金融的发展原则和格局，引导各类农村合作金融健康有序发展。农民合作社内部信用合作不应作为金融机构对待。单纯提供互助资金服务的社区性农村合作金融组织可以视为农民合作社，纳入银监会审批监管，并给予相应优惠扶持政策。另一方面，鼓励专业合作社开展信用合作，发挥合作社内置金融的支农作用。从日本农协的经验来看，日本基层农协充分发挥了农协内置金融对于农业和农村生产的作用。日本农协在国家政策和税收优惠支持下有效地利用综合农协来开展金融服务，满足了农业以及农村区域对于资金的需求。因此，应当尽快明确各类农村合作金融组织及业务的地位和作用，尽早出台专业合作社开展信用合作的相关细则和操作办法，推动农村经济向更高层次发展。

（三）强化服务与监管，引导信用合作规范发展

农村合作金融一般会面临严重的资金约束，尤其是一国经济对农业资金依赖程度较高的国家。发展初期，农民虽然有强烈的合作愿望，但是没有资金实力，此时合作金融发展的资金必须依靠国家投入。日本、韩国及中国台湾地区的发展经验表明，信用合作的健康发展离不开政府的支持。在税收方面，日本政府规定农协各种税收均比其他法人纳税率低 10 个百分点左右。自 1961 年起，韩国就免除了农协中央会的农业税和附加金。农协中央会兴建的大型流通设施，一半以上的资金由国库支持。地方政府举办的流通设施，往往由政府全部出资，委托农协经营。中国台湾地区政府也为农会的信用部注入大量低息贷款，增强了农会的资金实力。鉴于东亚信用合作的经验，我国政府应该加大对新型农村合作金融机构的资金投入和政策支持，降低准入门槛，鼓励在农民合作社内部开展信用合作。

在支持之外，政府还应当强化监管，引导合作社内部组建自律机制，保障信用合作的规范化开展。日本在监管方面实行的是外部双重监管和内部自我监督相结合的监管机制。借鉴日本的经验，一方面要加强银监会的监管力度，可以制定针对农村合作金融的监管法规，将新型合作金融组织和非正规金融也纳入到监管体系之内，明确监管职责。另一方面要尽快建立行业自律管理组织，和银监会分工合作，共同规范农村合作金融机构的发展。除了监管之外还应尽快建立存贷款保险制度、灾害补偿制度、农业信用保险制度和相互援助制度等信用保证制度来为信用合作保驾护航，共同抵御经营风险。

（四）促进合作社之间的联合与合作，实现合作社与社区的良性互动

合作社联盟是由许多基层合作社参与组建的合作社联合组织，其目的在于提供单个合作社不能从事的加工、贮藏、运输和营销服务。组建合作社联合会，可以强化合作社之间的横向联系，是提高服务社员能力，增强自身竞争力的有效途径。国际合作组织以及日本、韩国及中国台湾地区的经验表明，应鼓励合作社跨区域发展，扩大组织规模和覆盖范围。同时，还应当鼓励开展合作社之间的合作与联合，探索组建区域性合作社联社、联合会或全国性联盟。因此，我国也应当在探索新合作形式的基础上，构建具有中国特色的合作经济体系。

关心社区是合作社的基本原则之一。农业合作社的成立、运行及发展根植于所处地域环境，合作社的发展和壮大也离不开农村社区的支持，尤其是信用合作的开展，依赖于社员成员之间亲密的互动关系。在我国农村地区，以身份承诺、社区意识和熟识关系等为基础建立起来的非正式联系，是保证合作社正常运作的重要保证。对于信用合作业务而言，合作社可以有效获得成员的农业经营水平能力、经营规模与信用水平等信息，并能够利用其更为明显的“熟人社会”关系，约束入社成员的违约行为发生。反过来，合作社具有反哺社区的功能。合作社开展信用合作，可以反哺社区，进一步提高农村社区的凝聚力和动员力。因此，合作社发展要走与社区协同发展、良性互动之路。

执笔人：高　强　张照新

参考文献

[1] 方德铸等. 对韩国农协的考察报告. 农业发展与金融，2004（3）

[2] 周静等. 借鉴韩国农协经验　促进中国农民专业合作社健康发展. 世界农业，2004（3）：34～37

[3] 程万鹏. 韩国农协经营服务模式的借鉴与启示. 世界农业，2013（9）：42

[4] 申龙均. 浅谈韩国新《农业协同组合法》. 中国农民合作社，2012（6）：61～63

[5] 耿大立. 日本、韩国农民协会发展经验浅探. 世界农业，2013（7）：114～116

[6] 李富有，冯平涛. 发达国家农村合作金融发展的外生性特征及其启示. 经济体制改革，2005（5）：150～153

[7] 曾文革，吴宏丽. 国外农村合作金融法制建设的经验启示. 重庆大学学报（社会科学版），2007（6）：82～85

[8] 郑晓燕等. 美德日农村合作金融监管体系的比较. 江西农业大学学报（社会科学版），2007（4）：58～59

[9] 温信祥. 日本农村合作金融发展及启示. 金融与经济，2013（4）：47～49

[10] 陈家涛. 日本农村合作金融组织模式的分析与借鉴. 中州学刊，2011（6）：77～79

[11] 刘洁，张洁. 日本农村合作金融体系的构建及其对我国的启示. 现代日本经济，2013（3）：29～36

[12] 孔祥智等. 国外农业合作社研究：产生条件、运行规则及经验借鉴，北京：中国农业出版社，2012年。

[13] 郑少红. 福建农民合作经济组织制度创新研究——基于台农（商）在闽创办产销合作社的实证分析，北京：中国农业出版社，2009：88

[14] 袁月兴等. 社会资本与农户信贷约束缓解——山西蒲韩乡村合作与台湾农会比较研究. 贵州社会科学，2012（6）：55

[15] 何文君，唐甲良. 借鉴台湾农会经验推动合作社做大做强. 农村经营管理，2013（1）：38～39

调研报告一

妥善处理信用合作风险控制和内在活力的关系

——山东省合作社信用互助业务试点调研报告

近期，调研组赴山东省潍坊市的青州市和临朐县，调研合作社信用互助业务试点情况。召开了经管部门、地方金融办、农业银行、合作社理事长及核心成员参加的座谈会，实地调研了青州市家家富合作社和临朐县佳福奶牛合作社。总的来说，经过近一年的探索，试点地区已初步建立了系统的控制风险制度和部门分工协作监管机制，为合作社开展信用合作营造了良好的发展环境，但由于过于注重风险防控，对合作社开展信用合作设置条框过多，对合作社信用合作的活力产生了较大影响，成员参与信用合作的积极性明显降低，信用合作效果大打折扣。

一、潍坊市合作社信用合作的总体情况

山东省是我国合作社发展大省，近年来合作社数量稳居全国第一，截至 2015 年底，全省登记注册的合作社达到 153761 家，其中潍坊市有

18661 家。2014 年 12 月，国务院原则同意山东开展新型农村合作金融试点。全省选择了 27 个县（市、区）作为首批试点县。截至 2015 年 12 月底，已有 78 家合作社取得试点资格认定，参与成员 8140 名（含社团成员），信用互助业务累计 549 笔、1734 万元。潍坊市近年来合作社发展迅速，有发展新型农村合作金融的基础和条件，正在按照全省统一部署，稳步推进试点工作，有一定的代表性。

（一）潍坊市农民合作社信用合作的发展演变

潍坊市是山东省推进农村各项改革较快较好的地区之一，曾培育了资金互助社、扶贫互助会、合作社赊销赊购、内部信用合作等不同类型的农村信用合作 500 多家。2013 年，农业部、银监会等部门联合下发了规范发展信用合作的文件，潍坊市在明确信用合作概念的基础上，进行摸底调查，开展信用合作的合作社共 224 家。2014 年，山东省下发《关于引导规范农民合作社信用合作的通知》（鲁政办字〔2014〕107 号），要求对不遵守信用合作基本原则，违规开展信用合作的，要坚决予以制止，已经发生的，要予以清理和规范。为此，潍坊市召开了专题会议，建立联席会议制度，对全市开展排查，此后开展信用合作的合作社缩减到 15 家。2015 年，山东省新型农村合作金融试点工作启动，14 个合作社（涉及 7 个县市区）纳入试点范围。截至 2015 年 10 月，参与信用合作的成员有 3635 人，筹集（含认筹）资金 3999 万元。

青州市和临朐县发展信用合作也经历了同样的阶段。2010 年，青州市大约有 30 家合作社开展信用合作，大多是将成员闲散资金筹集起来，有些是用于合作社自身发展，有些是作为借款发放给了成员。截至

2014 年底，仍坚持运行信用合作的合作社有 4 家。原因有三点：一是合作社开展信用合作不符合信用合作基本原则的，已经被清理整顿了；二是个别合作社出现问题，影响了合作社声誉，尤其是 2014 年河北邯郸部分人员在青州以合作社名义吸纳资金出现风险，引发社会对合作社的不信任；三是少数发展较好、规模较大的合作社已经打通向正规金融融资的渠道，不再需要信用合作。目前，已有 2 家合作社纳入了本次试点范围，它们开展信用合作的地位有了保障、制度得到规范、风险得以严格控制，在严格遵循信用合作基本原则的前提下，都探索出了适合自身发展的模式。

（二）开展农民合作社信用互助业务试点的主要做法

山东省高度重视农民合作社信用互助试点工作，在 2015 年政府工作报告中做出重点安排，各地政府也将其作为发展新型农村金融的重要抓手，立足实际、稳步推进。主要做法如下。

1. 精心部署，做好制度设计

将制度设计作为试点开展的重要前提。2015 年初，山东省政府办公厅正式下发了《关于印发山东省农民专业合作社信用互助业务试点方案和山东省农民专业合作社信用互助业务试点管理暂行办法的通知》（鲁政办发〔2015〕8 号）（以下分别简称《方案》和《办法》），明确了整个试点的制度设计、工作安排和基本规则。根据方案，试点按照“总体规划、分步实施、试点先行、以点带面、逐步完善”的思路进行，实施步骤上分为试点启动、试点推广和完善提高三个阶段。目前正处于第一阶段。省委、省政府先后召开了全省范围的新型农村合作金融试点工作动员会议、试点工作座谈会和分片的试点工作调度会。17个市、27个试点县也都成立由政府主要领导牵头的试点工作联席会议机制，层层召开试点工作会议，安排部署试点工作，研究解决试点中存在的困难和问题。潍坊市按照要求，选择了管理民主、运行规范、带动力强的合作社开展试点工作，指导他们制定试点实施方案。

2. 加强培训，普及业务知识

将抓好教育培训作为试点顺利推进的基础性工作。山东省大力引导合作社和成员正确把握新型农村合作金融发展的基本原则、政策界限，强化风险意识。为便于基层理解和掌握，省里专门组织力量，编写了《信用互助业务实务读本》，简单明了、通俗易懂，真正让农民群众看懂、记住、会用；建立市、县基层人员培训师资库，并要求申请试点的合作社主要负责人必须通过试点业务知识考试。2015年7月以来，潍坊市针对试点开展以来出现的重点难点问题，通过以会代训、现场指导、专家讲座等方式，共举办各类培训座谈活动20余次，提高了广大农民参与试点的积极性。还充分注重示范引导、典型引路的作用，潍坊市已形成临朐县佳福奶牛养猪合作社、青州家家富果蔬合作社等典型，并在全市范围内进行推广，带动一批合作社由观望犹豫转变为主动参与。

3. 认真培育，规范运营机制

把示范社培育作为试点当前阶段的重中之重。潍坊市开展试点，坚持积极审慎、循序渐进，成熟一批、发展一批，经管部门深入合作社手把手指导，本着“缺什么补什么”“什么不规范改什么”的原则，帮助合作社加快建章立制，重点把好成员身份、资金使用、风险防控等关口，确保“社员制、封闭性、不对外吸储放贷、不支付固定回报”等基本原则化为合作社基本规程和自觉行动。全省还统一制作了信用互助业务标志、标识和资格认定书，提高试点规范性，便于社会监督。

4. 强化监管，引进托管银行

将有效监管作为防控风险、维护农民利益、稳妥推进试点的重要保障。为保证资金安全，并对资金流向全程留痕，试点确定中国农业银行山东省分行、山东省农信联社为合作托管银行，为试点社提供账户开立、资金存放、支付结算业务。借助托管银行的风控系统和业务平台，可以帮助合作社规范经营管理，提高业务操作水平。农业银行直接参与信用互助业务设立大会，指导制定业务流程，协助完成风险管控培训，及时进行风险提示。在日常监管中，试点严格贯彻银监会、农业部关于规范开展信用合作的要求，明确县级政府作为风险处置第一责任人，通过线上线下结合、定期不定期走访、现场检查、非现场监管等措施，及时识别、预警和化解风险。潍坊市在严格资质认定、审慎业务变更、健全监管制度的基础上，继续优化监管流程，推行风险防控关口前移。青州市充分发挥农经局、供销社及所在辖区镇政府、街道办事处的作用，设立联合评审小组，共同严把准入关口，建立协同监管制度。

5. 加大扶持，推进业务创新

将鼓励扶持作为试点工作的重要推力。按照《山东省农民专业合作社信用互助业务试点方案》（以下简称《方案》）要求，省市县（市、区）政府要积极探索建立政府扶持农民专业合作社信用互助业务试点发展的激励机制。山东省财政划拨 540 万元对试点县市区予以奖励。潍坊市专门出台了《关于支持金融产业发展的意见》，明确对开展信用互助业务试点工作的合作社，每家给予10万元的开办专项补助资金，同时在风险补偿、政策性农业保险、政策性担保支持等方面给予重点倾斜，将试点合作社有限纳入政策性农业保险范围，支持其开展保险互助试点工作。寿光市政府对试点合作社额外给予2万元的开办补助，诸城市的一家试点合作社开展保险互助业务试点的方案已经上报保监会。在积极开展信用互助业务的基础上，还充分发挥合作社的服务中介作用，利用合作社信用评级高、融资条件便利等优势，对不符合银行抵质押条件的资产，纳入互助业务范围，由合作社向托管银行融通资金，为成员提供资金支持。临朐县佳福奶牛合作社协调农行为成员提供资金，目前已发放青贮饲料贷款650万元。

二、两个开展内部信用合作的典型案例

（一）青州市家家富果蔬专业合作社信用合作开展情况

1. 合作社概况

青州市家家富果蔬专业合作社位于青州市高柳镇政府驻地，于2010年8月12日在市工商局注册成立，注册资本16692万元，现已发展社员5000人，带动农户10000户，流转土地5000余亩，总资产已达8000余万元，年销售收入2.5亿元。合作社建有高效生态园1处，主要生产30多种绿色、有机果蔬，年产绿色、有机果蔬10000余吨。目前，合作社产品通过了国家23个绿色认证、11个有机认证和27个欧盟有机认证，拥有“家家富”“广欣”“健昊”3个果蔬注册商标，拥有国

家专利3项，是一家集蔬菜种苗培育，绿色有机果蔬种植、加工、销售，农业科技服务，农民信用互助，农资配送供应，现代农业观光、采摘于一体的现代化农民专业合作经济组织。

2. 合作社信用互助业务开展情况

合作社在2013～2014年就曾自发地开展信用合作业务，9个多月筹资额达到1600多万元。社员贷款的主要用途之一就是修建蔬菜大棚，并用大棚作为贷款的抵押。当时设定的资金使用费率为8%，分红率也是8%。由于社员的大棚由合作社来修建，所以合作社开展该业务的收益则来源于修建大棚的10%利润。

2015年2月，利用山东省全省推进农民合作社资金互助合作试点的契机，合作社积极向上级主管部门申请新型农村合作金融试点项目。根据《青州市农民专业合作社信用互助业务试点方案》，依据《山东省农民专业合作社信用互助业务试点管理暂行办法》（以下简称《办法》），发动合作社社员，召开社员代表大会，形成决议，于6月29日获得地方金融监管管理局颁发的资格认定书：信用互助社员人数为1219人，信用互助金额最高为1000万元。8月20日信用互助启动仪式在高柳镇正式启动，截至10月份参与信用互助业务试点的农民专业合作社社员存放资金额达到168.59万元，实际发放互助金50人次，发放资金168.59万元。由于成立互助部时间较晚，目前还没有发放第一轮分红，但计划分红比率为60%。

为有效开展信用合作业务，合作社内部成立了信用互助部，规范了信用互助业务操作流程，从出资、授信、借款申请、借钱调查、审议通过、签订合同、借款划转、借后调查、借款收回、本金返还等环节均形成了一套行之有效的操作办法。例如，在参与信用互助的社员资格上，合作社规定必须是本社社员且满 1 年以上，银行信用记录良好，并与合作社生产紧密联系。此外，合作社理事会讨论公示了信用互助章程，建立了信用互助业务公示制度、信用互助业务风险报告制度，选出了资金使用评议小组，并做好“五坚持”和“五禁止”。“五坚持”即坚持服务“三农”，着眼解决农业农村“小额、分散”的资金需求；坚持社员制、封闭性、民主管理原则，不吸储放贷，不支付固定回报，不对外投资，不以盈利为目的；坚持社员自愿，互助合作，风险自担；坚持立足农村社区，社员管理，民主决策，公开透明；坚持独立核算，规范运营，遵纪守法，诚实守信。“五禁止”即禁止以吸储为目的，将与本社无实质生产关系的人员吸收为本社成员，或将互助金借给本社社员以外的人员；禁止对外公开设立银行式的营业网点、代办点，或以代办员形式入户办理互助业务；禁止通过媒体、广告牌、传单、短信或者讲座、报告会等形式向不特定对象进行公开宣传或广告；禁止进行大额现金交易和现金在办公场所过夜；禁止非法集资、非法吸储，或做假账、账外账。

上述一系列制度设计和风险防范措施，为合作社开展信用合作业务提供了有效保障。

3. 合作社面临的困惑与问题

在新的资金互助业务开展过程中，合作社也面临着一些困惑与问题亟待解决。

一是《办法》中规定合作社开展资金互助业务的范围不超过乡镇。而该合作社的成员分布在 4 个乡镇，所以实践中只能选择某个乡镇的成员参与，其他乡镇的社员即使想参加也参加不了。

二是《办法》中规定合作社互助资金的筹集上限是1000万元。对于家家富这样规模庞大的合作社来说，1000万元资金量远满足不了社员的融资需求。

三是《办法》中规定合作社不设资金池。那么，当社员急需用钱时，曾经承诺借款的社员不一定能够及时拿出承诺的资金，从而导致贷款者也不一定能及时借到钱。

四是从目前合作社的经营状况来看，收益还没能覆盖支出，更谈不上达到以往8%的收益了。

（二）临朐县佳福奶牛养殖合作社信用合作开展情况

佳福奶牛养殖合作社是临朐县唯一的一家合作社信用互助试点单位。“信用互助”业务以各社员户在银行的信用度为考量，各社员户按照其信用情况可享受银行贷款优惠，最低优惠30%，最高可享超过50%的降息优惠。同时，合作社作为社员户的牵头人，以担保人的身份，将分散的社员户整合起来，抱团闯市场，进一步增强了市场竞争力和抵御市场风险的能力。

合作社从2015年开始信用合作业务，合作银行是中国农业银行。金融办批准开展该项业务的额度为1000万元。由于开展时间不长，目前合作社信用互助业务存款76万元，已经通过信用互助的方式贷出4笔，金额分别为3.5万元、3.5万元、2.5万元、3万元。通过调研，了解到该合作社开展该项业务遇到了以下一些特殊困难。

一是合作社所经营的产业特点决定了互助资金解决不了合作社社员

的融资难题。奶牛养殖与其他农业行业不同，每个奶牛养殖户都是资金需求大户，购买奶牛、搭建牛棚动则10万元、20万元以上的资金需求，3万元、5万元的互助资金解决不了现实问题，不会起到太大的作用。

二是对合作社社员的条条框框限制太多，开展该业务的合作社社员必须在一个乡镇，由于合作社社员地域分布较为分散，35户社员中在一个乡镇的只有24户，还有11户被排除在外。

三是信用互助业务与其他金融业务相比适用范围有限。据合作社理事长反映，该合作社于2009年开始合作社金融业务，当时开展了两类融资业务：一是“社社联合”（合作社+农村信用社），即以合作社为平台向农信社上报资金需求，每家合作社不超过50万元，贷款利率为国家利率浮动30%，到目前为止该类融资业务运行良好，没有出过问题，总额度已经发放了390万元。二是2010年开展的“联合社+邮储银行”，采取的是3户联保方式，但利率较高，要1分2，额度也从8万元提高到了20万元。据了解，联保的方式较为有效地控制住了风险。曾经有1户社员借到钱后不养牛了，合作社就做主将他的牛用作抵押。上述两种方式都是合作社较为接受和愿意继续维持的金融贷款方式，针对2015年开展的信用互助业务，合作社表示适用范围还有待扩展。

三、几个需要讨论的重点问题

（一）成员范围：地域范围还是合作社范围

范围限制是发挥合作社组织和信息优势的重要保障，也是控制风险的必要手段。但农民合作社，尤其是专业合作，更多是以业缘为基础的信息优势，而不是地缘优势。从调查的两个案例来看，青州和临朐的两个合作社的部分成员分布超出了单个乡镇的行政区划，而被排除在信用合作之外，限制了合作社的发展活力。我们认为，专业合作社内部信用合作的范围也应该着眼于“同类农产品的生产经营者或者同类农业生产经营服务的提供者、利用者”，更多局限于业缘范围，而不宜僵化理解为地域范围。

（二）社员入股和借款额度：是否需要设限

借款额度设限，是降低合作社运行风险的重要举措。但入股设限，无疑加剧了合作筹资的问题。合作社内部信用合作，其主要功能是利用部分社员的闲散资金解决其他成员的资金不足。从控制风险的角度看，社员入股和借款设限有利于社员资金筹集和使用具备小额、分散等特征，具有一定的积极作用。但与民间融资等其他方式相比，合作社内部信用合作本身就面临筹资难的问题。因此，权衡利弊，建议在对资金使用费率、社员借款额度和信用合作总额进行多重限制的前提下，应放宽对社员入股设限。

（三）是否设立资金池：利与弊

资金池也称现金池，是以统一调拨资金、资金汇集并且资金错配，最大限度地降低持有现金的资金管理模式。资金池风险的关键之处是形成了一个金额庞大并且能被平台进行全权处理的资金。资金池的设立有利有弊。从有利的方面看，设立资金池可以缩短农户借款时间，提高资金使用效率，实现资源优化配置。从有弊的方面看，设立资金池有可能被挪用或自融，使得风控制度形同虚设。从调研情况看，由于不设资金池，成员需要开办两个农行卡，一张用于借钱，一张用于入股。在入股卡中存入的钱，就默认为随时可以入股，合作社可以直接操作划走资金，发给需要借款的成员。而借款的成员，也有专门的卡，用于接收和归还借款。通常完成一笔借款要 2 ~ 3 天。如果账上都没钱，还得资金互助部的工作人员联系有出资意愿的成员。在规模大的合作社，信用合作的业务交易成本更高、更加难以实行。我们认为，从防范金融风险的角度出发，试点阶段不设资金池这一原则应当谨慎地坚持，同时积极探索设立并由托管银行监管资金池使用的操作模式。

（四）资金用途限制：流动资金与设施投资

信用合作主要目的在于解决成员的农业生产资金短缺问题。农业生产资金指处于农业生产领域的固定资金和流动资金。具体可包括：生产用的农用设施、生产设备、生产工具、交通运输工具、农业生产资料及原材料、燃料与辅助材料储备、农业在制品及半成品等资金。可见，生产资金在农业生产和合作社资金循环中具有重要作用。资金用途限制的目的在于防范资金风险。然而，如果将信用合作的资金使用限制仅用于从投入生产到农产品完成这一阶段所占用的那部分流动资金，无疑会使信用合作的效果大打折扣。因此，我们建议，将信用合作资金使用范围放宽到设施投资等固定资金，但合作社要加大对固定资金的监管和审查，确保生产资金使用方向与合作社发展及农户生产需要相一致。

（五）资金占用费与分红如何确定

资金是有成本的，必然也需要获得收益。资金成本的基础是资金时间价值，但通常还包括投资风险价值和物价变动因素。资金占用费是指占用他人资金应支付的费用，或者说是资金所有者凭借其对资金所有权向资金使用者索取的报酬。从这个角度讲，资金占用费的表现形式就是入股信用合作的成员获得的分红。关键问题在于分红的计算和发放方式如何确定。是确定一个基本收益并辅以二次返利，还是根据年度统一核算向成员支付报酬？同时，分红报酬如何体现占用时间和占用金额等贡献程度？我们认为，按照财务年度或生产年度，采取统一核算、一次分红的方式，更符合合作社“收益共享、风险共担”的基本原则。

（六）监管方式：前置监管还是过程监管

监管是合作社信用合作健康发展的必要条件。监管方式既有前置监管和过程监管之分，也有内部监管和外部监管之分。因此，监管方式主要体现在两个层次：一是前置监管和外部监管，也就是开展信用合作的审批门槛。潍坊市在试点过程中，严格执行《方案》和《办法》，起到很好的效果。在这个层次上，政府相关业务部门和托管银行应发挥积极作用。二是过程监管和内部监管，也就是开展信用合作的内部门槛。主要体现在合作社内部表决确定的信用互助章程、业务公示制度、风险报告制度等一系列内部制度建设。实际上，对于试点阶段的信用合作，其实更多的是如何在控制风险的前提下拓展业务，试点的意义也在于探索形成有效的监管方式。调研了解到，金融办监管依靠四个凭证：资金借入、资金借出、信用互助成员申请单、资金使用费单据。从实际运作看，过多运用金融领域的监管方式，大大增加了信用合作运作的复杂程度，降低了信用合作自身的灵活性、简便性，使得信用合作优势削弱。我们认为，合作社应在明确政策门槛的基础上，以过程监管为主，并使内部监管与外部监管相结合，通过引入银行，实现“票据的合法性、人才的专业性、风险的敏感性”。同时抓紧跟上信用合作监管法律的制定。

四、结论和启示

调研表明，山东省在合作社内部开展信用合作方面进行了卓有成效的探索，试点地区已初步建立了系统的控制风险制度和部门分工协作监管机制，引入了托管银行，为合作社开展信用合作营造了良好的发展环境，但同时由于过于注重风险防控，对合作社开展信用合作设置条框过多，对合作社信用合作的活力产生了较大影响，成员参与信用合作的积极性明显降低，信用合作效果大打折扣。总的看，可以得出以下两方面的启示。

一是在推行信用合作中，既要重视风险防控，更要注重实践需求，发挥信用合作的活力，妥善处理风险控制和内在活力的关系，不能重风险轻需求。在试点中，监管部门都强化了风险的管控，从成员资格、入股金额、借款金额到运作程序、担保等方面，都对试点合作社进行严格的规定，应该说，这些规定和做法对于有效防范合作社信用合作风险，发挥了明显作用。但同时也要看到，农民合作社内部信用合作，其主要特点在于利用内部“熟人社会”的信息对称、道德风险小的优势，开展灵活便利的资金调剂，解决农民成员的资金补足问题，弥补正规金融机构程序繁杂、借款成本过高的问题。但由于在试点中过于强调风险管控，在一定程度上导致内部信用合作失去了自身的优势，从而难以发挥其应有的作用。因此在试点中，应进一步探讨如何平衡风险监管与信用合作活力的问题，以便更好地发挥其作用。

二是从全国看，要加快法律制度建设，赋予合作社内部信用合作的法律地位。《农民专业合作社法》实施 10 年以来，赋予了合作社市场主体地位，为我国农民专业合作社发展提供了坚实的法律保障，有力推动了合作社快速发展。但信用合作业务开展突破了专业合作的界限，超出了《农民专业合作社法》的调整范围。当前，亟须总结试点经验，加快对《农民专业合作社法》的修改进程，明确合作社内部信用合作的主管部门，为合作社内部信用合作健康发展提供法律依据。同时，鼓励各地参照扶持合作社发展的优惠政策，在资金扶持、信息服务、基础设施建设等方面给予政策扶持，促进合作社内部信用合作的健康发展。

执笔人：张照新　谭智心　高　强　贺　潇

调研报告二

正确把握信用合作与资金互助的区别与联系

——贵州省合作社内部信用合作调研报告

近年来，我国农民合作社发展迅速、规范化程度不断提高，为合作社内部信用合作奠定了组织基础。然而，当前无论是政策制定部门还是基层指导部门，对信用合作和资金互助的认识尚未统一，实践中也出现了运作不规范、发展定位不准、监管责任不明等问题。围绕这一问题，2016 年 4 月 19～22 日，调研组赴贵州省毕节市的黔西县和大方县开展调研，实地走访了黔西县金碧镇杨勇种植专业合作社和大方县农业产业资金互助合作社联合社等 4 家合作社。总的来看，贵州毕节市农民合作社发展取得了积极成效，尤其在信用合作方面通过组织创新与机制创新，探索出了以社区为基础、以产业为联结、以股权为纽带的发展模式，但同时，个别合作社也存在投资色彩过浓、潜在风险较大等问题，亟须在总结试点经验基础上，厘清信用合作与资金互助的区别与联系，为合作社内部信用合作健康发展提供政策支持和法律保障。

一、毕节市农民合作社基本情况

《农民专业合作社法》颁布实施以来，毕节市围绕马铃薯、特色经果林、生态畜牧业、蔬菜、茶叶、中药材、烤烟等主导产业，大力发展农民专业合作社，极大提高了农民的组织化程度。全市合作社涵盖了农业种植养殖、生产资料购销、农副产品加工、科技推广服务等各行业，有力加快了农业产业化经营，带动和促进了农村经济发展和农民增收。

（一）基本情况及特点

一是增长速度较快，但规范化建设任务较重。近年来，毕节市农民专业合作社发展速度加快，并呈现逐年递增态势。2016 年第一季度新增 113 家合作社，目前经工商部门注册登记的合作社总数达到 6671 家。入社成员数达 14. 6 万人，成员出资总额达 76. 5 亿元。与此同时，由于各地对合作社疏于监管，工商注册门槛较低，合作社发展过程中也存在重数量轻质量、正常运行比例过低等问题，规范化建设任务较重。据统计，截至目前，毕节市非正常运行的合作社有 2138 家，空壳率高达 32%。

二是经营能力显著增强，但品牌意识较低。近年来，毕节市以生产标准化、产品品牌化、经营规模化、管理规范化为方向，以财政资金为杠杆，引导合作社提高经营管理水平和服务带动能力，取得了积极效果。2015 年合作社共获得各级财政和项目扶持资金 1. 1 亿元，其中省级财政专项扶持资金 400 多万元。2015 年，合作社年经营收入达 21.2 亿元。“三品一标”是农产品标准化生产和农产品质量安全的重要指标。受传统思维影响，合作社负责人缺乏品牌和质量安全意识，标准化生产程度仍相对较低。截至 2015 年底，获各级各类产品认证的合作社有 125 家，不到全体合作社的 2%。从构成来看，获有机食品认证的专业合作社有 5 家，获绿色食品认证的有 5 家，获无公害认证的有 106 家，获地理标识认证的有 8 家，获其他认证的有 1 家。

三是产业带动能力不断提高，但扶贫攻坚任务较重。毕节市合作社主导特色产业明显，覆盖了生产类、服务类及其他等各种类型。以生产类专业合作社为例，该类合作社共有 4392 家，其中畜牧养殖类占比最高，包括生态畜牧业类 2035 家、特色种养业 217 家、渔业 37 家。其他产业方面，茶业类 94 家，烟草类 90 家，马铃薯类 488 家，精品果业类 343 家，中药材类 392 家，核桃种植类 103 家。服务类专业合作社 214 家。2016 年，毕节市下发的《关于引导和促进农民专业合作社规范发展的实施意见》明确要求，建立合作社带动贫困户新机制。从合作社分布来看，毕节市正常运行的 4533 家合作社中，有 3395 家分布在贫困乡镇；2751 家分布在贫困村。合作社入社成员数达 14.6 万人，其中贫困人口数为 3.3 万人，占成员总数的 22.6%。可以看出，合作社在脱贫攻坚中既拥有巨大的潜力，又承担着艰巨的任务。

（二）主要做法

毕节市按照“服务农民、进退自由、权利平等、管理民主”的要求，以提高合作社规范化水平和服务带动能力为重点，健全规章制度，完善运行机制，加强民主管理，强化指导扶持服务，注重示范带动，促进合作社做大做强。主要做法如下。

一是以舆论宣传为抓手，加大培训力度。毕节市采取市、县、乡三级联动，利用各种媒体和举办各类培训班、各类农产品交易会等机会开展宣传。近年来，张贴标语 90 多幅，开办培训班 12 期、培训 800 多人次，组织合作社参加各类农产品展销会 30 余次。通过宣传，使广大干部职工、农民群众对《农民专业合作社法》及相关法律法规和优惠扶持政策有了进一步的了解，增强了各类企业、能人、大户领办创办合作社的积极性。

二是以政策扶持为引领，大力开展示范社创建。近年来，毕节市先后下发了《关于大力发展农民专业合作社的意见》《关于大力发展农民专业合作社提高农业生产经营组织化水平的意见》《毕节地区优秀农民专业合作社申报认定和管理办法》《毕节地区农民专业合作社示范社建设实施方案》等一系列文件，为合作社发展提供了政策支撑。按照有序引导、分类指导的原则，毕节市积极开展农民专业合作社示范社创建工作及市级优秀合作社评定工作。目前全市已有国家级示范社 18 家，省级示范社 27 家，建设市级示范社 56 家，市级优秀合作社 60 家，合作社示范带动作用进一步增强。

三是以问题需求为导向，全面开展合作社摸底调查。为全面了解合作社生产、经营服务、销售和收益等情况，查找合作社发展存在的问题，毕节市采取各县区自查、市级抽查的方式积极开展农民专业合作社摸底调查，掌握其发展现状，查找问题，探索适合农村发展实际的农民专业合作社运行机制，提高合作社培养和扶持的针对性，推动农民专业合作社健康规范发展。

四是以组织管理为保障，扶持合作社规范化发展。毕节市高度重视农民专业合作社发展，专门成立了农民专业合作社工作领导小组，负责农民专业合作社的规划、组织、指导、协调、服务和扶持资金管理等工作，并把发展农民专业合作社列入对县（区）的考核目标。实践中，合作社坚持以产品品质为核心，积极为社员提供优质种苗，开展技术培训和信息发布，把科技传播到分散农户，充分发挥了合作社在促进农业增效、农民增收和新农村建设中的组织载体作用。

五是以农业园区为平台，提升合作社发展水平。毕节市创新工作机制，扶持引导合作社积极参与现代高效农业示范园区建设，指导农民专业合作社按示范社标准进行规范化建设，现入驻园区的农民专业合作社已达 87 家，形成园区辐射、合作社示范带动、土地集约、技术集中的聚集效应，有力推动现代高效农业示范园区建设。

二、两个典型案例

（一）黔西县金碧镇杨勇种植农民专业合作社

1. 合作社概况

黔西县金碧镇杨勇种植农民专业合作社成立于 2010 年 9 月，目前合作社有工作人员 23 人，社员 531 户，2000 余人。合作社位于黔西县金碧镇南面，周边与五里乡新乐村，观音洞镇金山村，金碧镇中寨村、红寨村接壤，距县城 15 公里，距镇政府 2.5 公里。2015 年，合作社种植皂角 2731 亩，现已有 330 亩投产，亩收入达 1200 元，销售收入 39.6 万元；林下套种前胡 500 亩，亩收入达 4000 元，销售收入 200 万元，为社员人均增收 2260 元。2016 年合作社种植的“药用皂角树”已经覆盖黔西县金碧镇、林泉镇、甘棠镇、中建乡、杜鹃办等 8 个乡镇，种植面积达 3 万余亩。合作社先后被评为“国家级林业合作社示范社”“贵州省优秀农民专业合作社”“贵州省重点扶贫龙头企业”“毕节市优秀农民专业合作社示范社”“毕节市扶贫龙头企业”等称号。合作社的皂角产品还进入了“乌蒙山宝、毕节珍好”公共区域品牌。

2. 主要做法

第一，创新合作社运营模式。2014 年 4 月，合作社开创了三方连管的“7 + 2 + 1”的利益联结模式。由合作社免费提供皂角苗，负责技术指导和产品销售，种植区村委会负责后续监督管理，农户提供土地和劳动力。皂角投产后，农户收益占 70%，合作社占 20%，村委会占 10%。这种合作模式得到了农户的认可，实现了三方连管、三家受益、共同致富的目标。2015 年 1 月 5 日以该社为发起社，联合黔西县农民专业合作社协会注册成立黔西县农民专业合作社联合社，注册资金 200 万元。联合社主要发展药用皂角树种植，为成员提供农业生产资料、农产品购销、加工、贮藏、运输以及农业生产经营有关的技术、信息等服务。联合社成立以来，形成“龙头企业 + 联合社 + 合作社（社员） + 产品集配中心 + 互联网”的运营模式，下设 6 家分社，79 家协会成员，1006 户社员，带动分社社员种植药用皂角树 15000 余亩。

第二，开展合作社内部资金互助。为解决各成员社、社员在参与皂角产业发展和日常生产生活中的资金短缺、周转困难问题，联合社成立了社员资金互助中心，在社员内部开展资金互助。社员资金互助中心的建立，需经合作社理事会议提出具体方案，召开社员大会，经2/3以上的社员表决通过后实施，并形成合作社文件或会议纪要。资金互助中心在不对外揽储放贷、不支付固定回报的前提下，实行独立的财务核算，并聘请专业的财会人员对资金进行管理。同时，定期公布财务报告，接受各成员社和广大社员监督。资金互助坚持社员制和封闭性原则，以2倍于央行基准利率的标准吸收资金入股、3倍于央行基准利率的标准发放借款。互助资金的40%用于发展苗木种植，60%用于内部资金互助。资金互助中心成立以来，共带动235户农户入股资金319万元，用于产业发展和资金互助的资金累计达560万元，帮助500余户农户解了燃眉之急。

第三，建立供销合作和电商服务平台。农民在自愿的基础上，与合作社签订协议，成为合作社社员，将土地、资金、技术、劳动力等投入到合作社。合作社以市场为导向，以地方特色产业或产品为纽带，进行优化组合。实行统一管理，统一购进、统一价格、统一物资、统一服务、统一销售“五统一”，联合社以管理合作社分社和与市场对接为重点，带动产业发展，开展联合经营，让成员社及社员及时获得生产资料、信息、技术等服务，降低合作社经营风险及农户种植风险，帮助合作社和农户落实订单或产品收购，解决农民后顾之忧。同时，为实现产业及产品利润最大化，合作社结合产业发展情况，依托淘宝、京东、贵农等搭建农村电商服务平台，通过电商平台嫁接各种资源，拓展农村信息服务业务和领域，打通农产品销售“最后一公里”。

第四，建立多方利益联结平台。合作社依托村社社区，积极探索社会资源更大限度参与合作社经营，将农村闲散土地、林木、荒山等集中入股合作社，彻底盘活农村闲置资源，既能激发村级基层组织活力，又切实壮大村级集体经济，形成一套农户、合作社及村集体三方连管、三方受益的利益联结机制。合作社引导和鼓励农民以承包土地、产权、技术、资金及劳动力等入股，积极参与到农业园区建设，推动农民向股东转变，通过股份分红获利，实现增收致富。

3. 关于开展资金互助的思考

合作社依托产业、立足社区开展内部资金互助，既取得了一定的经验，也面临一些问题。主要有以下几点。

一是带有明显的社区性合作金融性质。资金互助中心的建立以分社为基础，以村社为边界，符合条件的农户都可以入股资金互助中心。从资金用途来看，并非完全拥有产业发展，仅有 40% 的互助资金用于生产苗木，互助资金更多地用于社员日常生活中的资金短缺等方面。

二是组织机构创新拓展了社员范围。资金互助中心坚持社员制和封闭性原则，而合作社的经营范围覆盖 6 个行政村。合作社通过牵头领办联合社，设立分社的方式，突破了社员入股资金互助中心的地域限制。

三是多元合作保证了合作稳定。结合贵州省开展的“资源变资产、资金变股金、农民变股民”改革，合作社探索了财政支农资金入股、土地经营权入股、资金入股等多元入股方式，确保了合作稳定。

四是联合社设有资金池且可在分社之间调配。资金互助中心设在联合社，可以放大资金互助效果，解决分社之间的用款矛盾问题，同时也增加了经营风险。

（二）大方县农业产业资金互助合作社联合社

1. 基本情况

大方县农业产业资金互助合作社成立于 2011 年 8 月，它是经县委、政府批准，在民政部门注册的民办非企业法人单位，由大方县农牧局负责业务指导，规范操作程序和实施监督，未在银监部门登记备案。截至 2016 年 4 月底，相继有 6 个乡镇开展试点（大方镇、羊场镇、黄泥塘镇等 6 个乡镇），总互助金达 5000 余万元，社员 2000 余人，贷款余额 3000 多万元，累计发放贷款 1 亿多元。主要业务范围为吸纳社员基础股金、互助金，向社会投放互助金。互助社入会自愿、退会自由，风险自控，其主要职责是整合社员资金，以吸收社员存款和向社员放贷吸纳利息作为资金的主要来源，不得向非社员吸收存款、发放贷款及办理其他金融业务。与信用社相比，农业产业资金互助合作社贷款具有“短、易、快”的特点，手续和程序简单易操作，便于农民接受和理解，贷款流程一般包括提出申请、调查论证、订立协议、发放贷款四个流程，借取互助资金方便快捷，简化担保程序，根据贷款数额区分抵押、担保条件，可以由一户或多户社员担保，也可由公务员、教师等担保，以解决因缺少贷款抵押物的难题。该社成立以来，一定程度上解决了农村发展资金短缺、农村金融服务不足等问题。

2. 主要做法和成效

一是贷款发放形式多样。社员必须是互助社所在乡镇的常住居民，社员在入社时须至少缴纳 100 元股金，入社后互助社向社员出具相应的社员证明。贷款对象一般为社员，贷款方式一般有三种：第一种是担保贷款，必须有稳定收入的人作为担保人；第二种是抵押贷款，申请贷款人必须有房产或车辆等固定资产做抵押物；第三种是联保，即5户以上进行联合担保贷款，每户均承担还全额款的责任，而不是平分还款，贷款期限为3个月，最多不超过半年。

二是存贷款利率较高。在存款利率方面，一次性存入10万元以下的，央行利率3%，互助社红利2%，到期合计5%；一次性存入10万~50万元的，央行利率3%，互助社红利2.5%，到期合计5.5%；一次性存入50万元以上的，央行利率3%，互助社红利3%，到期合计6%。在贷款利率方面，远高于其他金融机构。针对种植养殖户贷款的，月利率为25‰，针对其他情况的贷款月利率为30‰。从合同上显示，月利率是15‰，但是合同中还有一项，称为反担保费，按照15‰的反担保费收取，加总后贷款成本高达30‰的月利率。

三是补充了农村金融市场当前的缺陷和不足。贷款方便，是当地做生意者和搞小型建筑包工头小额短期贷款的首选，缓解了部分群众资金短缺困难的困境，以简便、快捷的优势弥补了乡镇金融服务的不足和缺位，以贷款方便快捷、存款按效益分红、服务到位等特点赢得了部分群众的欢迎。社员利用所借资金，能够及时用于生意周转、工程垫付资金等项目。针对种植养殖户，月利率26.7‰的确很高，但是针对微型企业业主、农村建房的个体包工头、做小生意者等，能够承受这个利率，是该社能够存在的根本原因。

3. 存在的问题

一是偏离合作本质，向异化发展。从原则上讲，农村产业资金互助合作社应该是农民自发发起的，是农民自己的服务组织，不以盈利为目的，是农民民主管理、自主经营、自负盈亏、自我发展。但是大方县互助社以“合作”的旗号，追求利益最大化为目的，实际上社员无监督和管理权限，根本没办法对互助社实施民主管理，对领导层经营行为无法有效监督。互助社在性质上不属于农民合作经济组织，在业务运营上带有金融性特征的盈利性组织，导致利率偏高，超出央行基准利率的4倍。

二是相关法律法规不健全。现行的法律法规并没有涉及合作社融资、资金互助等条款。在市场经济条件下，作为一个独立经济体的资金互助组织，应当在工商行政部门注册并取得经营业务许可证，但由于没有明确的法律规定，导致大方县互助社在工商行政部门登记未果，只能在民政局登记为“民办非企业单位”，且得不到银监部门的认可，市场主体身份未能确立，没有合法的法律地位，无独立法人资格和市场主体地位。2012年5月3日，大方镇互助社社员杨齐菊在互助社贷款3万元，约定还款期限为半年，由大方县供电局职工谢林会担保，在还款期限到后当事人仍未还款，而且无法与其取得联系。2013年3月1日，大方镇互助社向人民法院提起诉讼请求追讨欠款，但是人民法院因现行法律无涉及此类案例的法律依据和条款，决定不予受理此案。这桩个案造成了互助社的恐慌，一旦以后类似的案例人民法院都不受理，互助社相关业务经营得不到国家政策和法律保护，在发生债权债务纠纷时无法使用法律武器维护自身权益，势必会造成影响社会稳定的不安因素，难以保证互助社的规范经营和风险控制。

三是存在潜在的风险。第一，资金风险，贷款收回工作缺乏保障。互助社很难将金融服务贯穿到社员日常经营活动的整个过程之中，贷款监督跟踪成本大，社员经营过程中抵抗风险能力弱，无法像正规金融机构那样通过再融资和中央银行借款来缓解资金短缺困境，使得互助社不能充分利用资金。另外受之前负面案例影响，农户入社率偏低，大部分入户社员只是在互助社贷款来缓解流动资金不足现状，将互助社作为贷款平台，用贷到的款进行生产经营活动，但达到一定经济规模后，很快将资金另投到正规金融机构，这就造成了贷款户多，存款户少，互助优势资源流失，资金运转困难。很多贷款户都是在信用社欠款或者自身缺乏有效抵押物，无法再向信用社贷款而选择在互助社贷款，而且贷款利率远高于信用社利率，到期偿还困难是一个普遍现象，增加了资金风险。第二，信用风险。目前，已有个别分社出现互助金收不回的个案和苗头，在 3 个互助社都存在多数到期不能还款申请延期还贷的情况，贷款人信用度有待加强。第三，利率风险。根据方党办〔2011〕5 号文件规定，贷款利率不得超过央行基准利率的 4 倍，而大方县互助社的利率已明显高于央行基准利率的 4 倍。如果默许互助社继续实行较高贷款利率，势必增加贷款人偿还的难度；如果监管部门强加干预，将贷款利率降低，则可能出现贷款利息所得低于存款利息，造成合作社运行不下去出现倒闭的现象。第四，政策风险。现阶段大方县互助社仍在试点阶段，无相关政策支撑，一旦大批出现问题，政府有可能出台政策取消农民资金互助合作社，那农民存入的资金如何发放，利息如何计算，贷款如何收回等将会是很大的问题，极有可能引发群体性事件。

三、结论和启示

合作社内部信用合作是拓宽合作社服务功能、增强自身凝聚力的重要举措。现阶段，在农村合作金融发展滞后的情况下，合作社内部开展信用合作，可以弥补农村资金互助社发展缓慢的缺陷，缓解农村金融供给不足。但从总体上看，要想有效缓解农民抵押难和贷款难问题，最终需要培育发展正规合作金融组织。因此，信用合作和资金互助应具有不同的发展定位。一个立足产业、一个服务社区，二者互补统一才能真正解决农村金融问题。一方面，要加大农民合作社内部信用合作指导服务力度，将其纳入合作社法调整范围；另一方面，要抓紧起草《农村金融法》，加大农村资金互助社审批力度，建立新型农村合作金融组织体系。具体来看，有以下几点建议。

（一）赋予农民合作社内部信用合作法律地位

《农民专业合作社法》实施10年以来，赋予了合作社市场主体地位，为合作社发展提供了法律保障。随着农村分工分业深化，农民之间的合作内容、合作领域和合作形式呈现多元化、综合化等趋势。合作社服务功能将进一步深化拓展，生产合作、供销合作、信用合作将加速融合。因此，应顺应合作社的发展综合化趋势和农民社员的多样化需求，将信用合作纳入法律调整范围，明确合作社内部信用合作的主管部门。鉴于信用合作风险较高、专业性较强，应在修法过程中，将“坚持社员制、封闭性原则，不对外吸储放贷、不支付固定回报”等原则，细化为可操作性条款，并在资金使用管理等方面做出规定。此外，为了避免农民合作社内部资金互助和农村资金互助社相混淆，方便基层部门掌握和操作，建议修法过程中统一采用“农民合作社信用合作”概念。

（二）明确合作社依法自主开展内部信用合作

合作社内部信用合作不是专门的金融机构，只是合作社内部封闭运行的一项业务。建议在符合法律规定的前提下，对于小额、分散的信用合作活动，合作社可以根据成员需求自主发展，不需要政府审批。对于资金规模较大、成员范围较广的信用合作活动，建议按照中央和地方金融监管职责和风险处置的分工要求，由地方政府制定管理细则，明确专门管理机构，将超过一定标准的合作社内部信用合作活动，纳入监管范围。对于假借合作社名义涉嫌非法集资等行为，建议地方银监部门联合金融办予以打击。同时，鼓励各地参照扶持合作社发展的优惠政策，在资金扶持、信息服务等方面给予政策扶持，促进合作社内部信用合作的健康发展。

（三）积极推进新型农村合作金融组织培育发展

中央文件明确提出，在管理民主、运行规范、带动力强的农民合作社和供销合作社基础上，培育发展农村合作金融，推进社区性农村资金互助组织发展。发展新型农村合作金融涉及面广、政策性强，应加强组织领导，进一步完善对新型农村合作金融组织的管理体制，明确地方政府的监管职责，支持符合条件的地区农户和合作社依据不同区域特色，因地制宜自主培育发展农村资金互助社等新型农村合作金融组织，鼓励地方建立风险补偿基金，有效防范金融风险。

执笔人：张照新　高　强　吴　比

调研报告三

贫困地区农民合作社发展的调查与思考

——甘肃省调研报告

让贫困地区农民脱贫致富是全面建成小康社会的关键。发展农民合作社是带动农户发展特色产业，实现贫困群众脱贫致富的有效途径。贫困地区农民合作社发展效果如何，产业扶贫如何发力，出路在何方？2016 年 8 月，我们赴甘肃静宁、庄浪等地调研，与基层干部、合作社理事长、社员代表和农民群众深入交流和座谈。调研表明：在西部地区，合作社发展围绕当地特色产业发展重点开展销售合作、信用合作等服务，解决农户生产面临的瓶颈制约，既能促进农民增收脱贫，更可以增强合作社对成员的凝聚力。但贫困地区合作社发展面临市场风险大、资金不足、营销能力偏弱的难题，亟须强化支持和指导服务。具体情况报告如下。

一、贫困地区农民合作社发展呈现新特征新特点

2007 年以来，甘肃省农民合作社得到快速发展，在推进现代农业发展、增加农民收入和带动农民脱贫致富中发挥了重要作用。截至 2016 年 6 月底，全省在工商登记注册农民合作社总数 65561 家，比 2015 年增长 13.78%；入社成员 141 万多人，带动社员 252 万多户，占总农户数的一半以上；全省 6220 个贫困村中有 5620 个贫困村成立合作社 16633 家，参与合作社的贫困农户 397279 户，约占总贫困农户数的 39%。甘肃省农民合作社发展实践证明，通过在贫困村建立农民合作社，可以为贫困户提供产前、产中、产后各环节的生产经营服务，为扶贫对象产业发展与市场连接搭建有效载体，解决一家一户办不了、办不好、办了不合算的问题，是形成精准扶贫长效机制的一个重要突破口。近年来，甘肃省不断加强政策支持、创新指导服务，强化示范引领，农民合作社发展呈现出以下特点。

（一）立足特色产业，实现合作社建设与特色产业发展互动互促

我们调研的平凉市静宁县位于甘肃省东部，是我国北方优质果品最适宜栽培区之一。全县果园面积已达到 70 万亩，年产量 30 万吨，被授予“全国经济林建设先进县”和“中国苹果之乡”。静宁县以苹果产业为核心建立各类农民合作社 818 家，撬动社会资金 2.5 亿元，成为目前全县农业产业投入增加的重要来源。静宁县万里果品专业合作社成立于 2011 年，目前已成为集果品生产、仓储物流、果品营销为一体的国家

示范社，固定资产达到3502万元，2015年经营收入突破6000万元。在合作社的带动下，苹果产业成为静宁县助力脱贫攻坚、增加农民收入的主导产业。庄浪县共发展合作社489家，其中果品合作社200多家，畜牧养殖合作社106家，蔬菜及药材合作社47家。这些特色产业领域的合作社占全县合作社总数的85.7%，逐步形成了“产业推动合作社、合作社提升产业”的良性发展模式。从全省来看，甘肃省农民合作社具备产业融合度高、特色鲜明等特点，能够立足当地资源，大力发展“草食畜”、高原夏菜、优质林果、马铃薯、中药材、现代种业和酿酒原料等特色优势产业。截至2015年底，全省依托“草食畜”的合作社23899家，依托高原夏菜的2800多家，依托优质林果的4700多家，依托马铃薯的1200多家，依托中药材的3000多家，依托现代种业和酿酒原料的100多家，这些特色产业合作社有效促进了农牧业产业结构调整，带动形成了各具特色的产业带、产业群。

（二）坚持扶贫导向，实现合作社发展与精准脱贫协同推进

增加农民收入是“三农”工作的中心任务。合作社可以发挥其对贫困人口的组织和带动作用，强化与贫困户的利益联结，在带动贫困群众脱贫致富方面发挥着重要作用。静宁县万里果品专业合作社，2015年社员果品收入最多的31万元，最少的4万元。合作社除在果品收购环节以高于市场价的收购方式即时完成交易量返还外，年终还进行社员分红116万元，户均1757元。据统计，合作社有63户社员购买了小汽车，95%以上的社员住上了新房。社内110户贫困户实现整体脱贫，带动周边2000多农户家庭户均增收3000多元，使213户贫困户实现了脱

贫。合作社在精准扶贫方面的突出作用得到了当地政府的认可，也获得了相应支持。2015 年，甘肃省出台了“1 + 17”（《关于扎实推进精准扶贫工作的意见》及 17 个专项方案）精准扶贫工作方案，提出到 2017 年底每个贫困村至少建立 1 个产业合作组织、每个具有劳动力的贫困户至少加入 1 个合作组织。同时，甘肃省发布了《关于加快贫困地区农民合作社发展的通知》，要求把农民合作社发展作为精准扶贫的一项重要任务，人力物力优先支持农民合作社发展，6220 个贫困村实现合作社全覆盖；从 2016 年起将农民合作社发展资金纳入财政预算并逐年增加，对每个合作社安排启动发展资金；各贫困县要整合各类扶贫资金和信贷资金，优先支持合作社发展，财政专项扶贫资金对入社的建档立卡贫困户要优先精准扶持。这些政策将进一步推动贫困地区合作社创建与发展，激发农村发展的生机与活力。

（三）依托农村电商，实现合作社发展路径与销售模式双转型

合作社实现电商化转型，是破解落后地区区位制约的有效途径。兰州振兴百合种植专业合作社成立于 2009 年，主要由百合种植和加工户组成，成员 216 户。2013 年，合作社开始接触农村电商。2014 年合作社投资 580 万元建立了“兰州百合电商基地”，将市内直销店转为电商营销线下体验店，组建了专门的电商营销团队，并与顺丰快递建立了战略合作关系，实现线上线下融合销售。2015 年 8 月，合作社参加了淘宝网组织的“滇川美味 VS 苏甘特产”活动，网站访问量 5 万多人次，创下了 48 小时成交 4953 单、交易额 43.6 万元的骄人业绩，成为兰州市农村电商的排头兵，稳居淘宝网鲜百合销售量第一。静宁县万里果品

合作社注册了“红六福”“静红”等商标，创建了静宁苹果网，开通了微信公众号，入驻淘宝网“特色中国·甘肃馆”、天猫商城、三维商城等电商平台。2016 年，静宁苹果在渤海商品交易所挂牌上市，万里果品合作社仓库被指定为交收厂库，实现由 B2C 到 O2O 的线上线下交易相结合。目前合作社已累计实时交易 600 吨，交易额 560 万元。为进一步拓宽合作社产品销售渠道，甘肃省农业厅和“千乡万才”科技有限公司合作，免费为 1736 家合作社开通了网页，打通网上销售渠道。到 2016 年 6 月底，甘肃省共有 639 家合作社开展电子商务，635 家合作社开设直销门店 804 家。农民合作社凭借生产规模优势和产品品牌优势，成为活跃在农村电商平台上的一支重要力量。

（四）创新农村合作金融，开辟合作社内部融资与社员服务新路径

多种形式的合作金融以资金互助合作为基础，基于成员相互信任，面向成员提供互助性金融服务，是缓解合作社融资难的现实需要，也是增强合作社服务功能、提高社员凝聚力向心力的有效途径。静宁县万里果品合作社通过多种方式，帮助社员解决生产资金短缺问题。一方面，与甘肃银行、邮储银行、农业银行对接，采取信用联保、联户联保、质押担保等方式，为 310 户社员及收购商贷款 3550 万元。另一方面，合作社号召社员入股，成立产业互助基金 100 万元，解决社员临时性应急性资金问题。调查了解到，静宁县合作社开展信用合作社的合作社有 48 家，主要有四种运行机制。一是资金互助，有 3 家合作社开展，涉及农户 260 户，资金规模 80 多万元；二是股份合作，有 5 家合作社开

展，涉及农户 80 户，资金规模 120 万元；三是农资赊销；有 10 家合作社开展，涉及农户 500 多户，资金规模 200 多万元；四是产品赊购，有 30 家合作社开展，涉及农户 1390 户，资金规模 300 多万元。以上各类信用合作模式总计有 2000 多户社员从中受益。省级层面，按照每个行政村成立一个资金互助协会的思路，甘肃省在庆阳、临夏等地利用银行扶持农村产业发展资金、财政专项补助资金、社员入股资金、社会捐助等资金组织成立农村产业发展资金合作社，搭建了资金扶贫操作的新平台。如临夏州建立资金互助平台，政府筹资 5 亿元，给每个村特别是贫困村平均注资 50 万元，每个村至少跟进 1 户企业注资 5 万 ~ 49 万元，入社农户每户注资 1000 元以上，同时接受慈善机构和社会捐助资金，探索了一条财政资金扶贫、农村合作金融创新发展的新模式。目前，全省开展信用合作的合作社有 2114 家，互助资金总额 6.4 亿元，其中 80% 以上是依托扶贫资金建立的，14% 是依托联合社开展的银行担保贷款形式，有 4 家合作社是由村民集资入股的资金互助，只有极个别是合作社成员内部信用合作。

分析甘肃省农民合作社发展呈现的新特点新特征，可以得出以下几点启示。第一，以特色产业为基础是合作社持续发展的生命力所在。合作社只有紧紧围绕优势特色产业，为社员提供急需的服务，才能对社员产生吸引力，合作社自身才有内在发展动力。第二，坚持扶贫导向是彰显合作社益贫偏好基本属性的重要体现。建在产业链条上的合作社是产业扶贫的“药引子”，是增强贫困户发展能力，确保其脱贫不返贫的有效途径。第三，发展农村电商是合作社转型升级的有效途径。对于落后地区的合作社而言，只有抓住农村电子商务发展机遇，通过“品牌战”

"生意经"解决西部地区特色产业发展所面临的市场难题，才能实现合作社自身的长远发展。第四，开展信用合作是合作社缓解融资难题的有效举措。贫困地区利用特色资源发展特色产业，除了市场渠道的制约，往往还面临资金的约束。由于特色产业一般需要投入大，而且需要2~3年后才能见到效益，在发展初期往往急需资金的支持，合作社内部信用合作则是满足成员资金需求的一个有效途径。甘肃省的合作社内部信用合作有多种实现形式，不仅能为社员增收搭建长期有效的融资平台，还通过放大资金互助的功能和作用，激发了农村发展活力。甘肃的调研表明：在西部地区，合作社发展要围绕当地特色产业，从农户在特色产业发展中的制约瓶颈入手，发挥合作社为农服务作用，让农民从互助合作中有实实在在的获得感，增强农民加入合作社的积极性主动性，从而形成合作社发展的内生动力。这也是促进合作社发展，尤其是规范合作社发展的重要方向。

二、贫困地区农民合作社发展面临的新困难新问题

近些年甘肃省农民合作社发展取得了一定成效，但由于起步晚，以及受当地社会发展条件制约，还存在许多困难和问题，尤其是贫困地区合作社发展的基础和条件还比较薄弱。

（一）有些政策落实不到位，保障服务力度不够

调研了解到，部分干部和群众对合作社等新型经营主体的产业扶贫作用认识还有待加强。一是有的市、县财政资金扶持政策落实不到位。

调研地区为国家级贫困县。受地方财政条件制约，这两地都没有将合作社发展资金纳入财政预算。二是税务优惠政策落实不够。由于报税需要合作社提供企业报表而不是合作社报表，导致合作社账务不能按照合作社财务管理要求进行处理，存在免税申报、领用发票难等问题。调研中走访的合作社，尚未换发“三证合一”营业执照的合作社的税务登记证，其“登记注册类型”一栏为“其他企业”“私营合伙企业”。三是指导服务还有待加强。虽然调研地区已经建立了市、县、乡三级辅导员队伍，但基层合作社辅导员没有受到正规培训，业务能力和指导服务水平欠缺，存在指导服务工作不到位的现象。

（二）发展资金筹措难度大，开展信用合作层次较低

调研发现，贫困地区合作社普遍存在融资难问题，外部支持不够、内生动力不足，制约了发展壮大。一是银行贷款难。由于大多数合作社没有银行认可的有效抵押物，申请不到贷款。实践中，有的合作社采取让贫困户社员申请 5 万元以下、3 年以内、免抵押、免担保的“精准扶贫小额信用贷款”，由合作社集中使用、负责还本并支付农户利息的方式，虽取得了一定效果，但仍旧杯水车薪。二是自有资金投入少。部分合作社领办人存在“等、靠、要”思想，紧盯财政钱，图谋项目款，在资金投入上犹豫不决。三是信用合作层次较低。目前合作社开展信用合作比例少、额度小，且由于成员产业相同、用款时间集中，导致信用合作资金筹措难度加大。不少合作社无奈之下进行民间融资，大大提高了资金使用成本，也增大了经营风险。庄浪县海龙生猪养殖合作社理事长刘升喜说，虽然合作社有资产 3000 万元，但“家财万贯，长毛的不

算”，猪舍和生猪不能作为银行的有效抵押品，只能以个人名义贷款用于合作社发展。2012 年以来，他累积贷款 1500 万元，分别为县信用联社 300 万元（年息 10.4%）、省建设银行 1050 万元（年息 8.8%）、邮储银行 150 万元（年息约 7%）。由于 2012 ~ 2014 年生猪市场低迷、合作社亏损严重，导致合作社贷款逾期，光罚息就 100 多万元。2013 年他甚至冒险借高利贷 500 万元（年息 36%），用来还清建行贷款后再办新贷。他说，2015 年 7 月以来生猪价格一直不错，合作社预计 2016 年挣 500 万元，能把利息和贷款本金还上，“这是个信用问题”。对于罚息，刘升喜希望银行能够予以免除。他认为，合作社搞农业“贷款压力大得很，如果涉农贷款逾期还要罚息，黑驴打滚，还叫涉农贷款吗?”

（三）基础设施建设滞后，规模小带动能力不强

整体来看，贫困地区合作社发展还在起步阶段，规模偏小、基础薄弱、质量不高，在市场竞争中不具备明显优势。一是基础条件差。主要是小型农田水利建设薄弱，现有农田水利工程老化失修，配套设施不完善，合作社和家庭农场等新型农业经营主体搞规模经营对水利条件的要求越来越高，有的地方农业用电还没有通到田间地头，“打井架线”成为合作社亟须政府帮助解决的基本需求。庄浪县拥琪苹果种植农民专业合作社受灌溉条件制约，花费 7 万多元打了 6 口井，但仍不能满足生产需要。二是合作社、家庭农场等新型经营主体都缺乏必要的设施用地、产品加工和仓储用地，影响了合作社发展升级。三是多数合作社以开展技术培训、市场信息等初级合作服务为主，从事加工销售提高农产品附加值及深加工的比较少，开拓销售市场能力不

足，辐射带动力不强。

（四）内部运行机制不够健全，规范化建设亟待加强

从目前来看，由于缺乏必要的支持和政府干预，贫困地区一些合作社多处于自发成立、自在运行的阶段，规范化建设水平不高。一是办社目的有偏差。有的合作社办社不是为了成员利益，而是想获得国家的优惠政策。这类合作社依旧是大户自顾自地搞生产，并没有按照合作社法律法规的规定实行民主管理，也没有为成员提供相关农业生产经营服务，成为“空壳合作社”。二是缺乏完善的财务管理制度、成员代表大会制度和风险保障制度。股权设置、盈余返还、利益保障等制度建立与合作社法律法规的要求存在较大差距。三是合作社人才缺乏。目前，大多数合作社带头人文化程度不高，合作社缺乏经营管理、市场营销和企业策划等方面的人才，合作社吸引大学生工作的能力还普遍较弱，不能够满足合作社持续发展的要求。如庄浪县朱店镇郑山村李玉红家庭农场主李玉红在当地算是一个能人，流转 105 亩地种植苹果，2015 年实现销售收入 21 万元。李玉红同时还是一家果品合作社理事长。目前，他的精力主要用在农场上。合作社处于“松散管理”状态，仅在销售季节由他带领客商挨家挨户“看果子”、定价格。访谈中，我们还了解到，李玉红成立合作社主要是抱着一种随大流的心态，对合作社运营管理等相关知识知之甚少，更谈不上相关方面的制度建设。

三、加快贫困地区农民合作社发展要有新办法新举措

《农民专业合作社法》已实施 10 年，中央和地方也配套出台了一

系列扶持政策。但随着实践的发展，有必要抓紧修改有关法律内容，针对贫困地区合作社发展特点与问题，进一步强化有关政策措施，切实推动合作社加快发展。结合调研掌握的情况和基层有关方面意见，提出以下政策建议。

（一）重视新型农业经营主体推进产业扶贫的带动作用

贫困地区产业发展离不开新型农业经营主体的带动。合作社通过做好农产品生产的每个环节，可以提升整个价值链的综合竞争力。要创新机制，鼓励贫困地区农民合作社等新型农业经营主体与贫困户建立稳定的带动关系。发挥合作社在贫困地区产业培育中的市场开拓、技术示范和引领带动作用，按照当地优势和农民意愿指导贫困村组建农民合作社，引导和支持贫困户以土地和农业设施、机械等作价入股，参与合作社盈余分配。没有条件成立合作社的贫困村，可以组织贫困户参加已成立的合作社，向贫困户提供全产业链服务，吸纳带动贫困劳动力就业，提高产业增值能力。

（二）强化贫困地区合作社金融支持

农业农村贷款难问题普遍存在，贫困地区合作社尤其突出。金融机构要精准对接贫困地区特色产业金融服务需求，立足贫困地区资源禀赋、产业特色，积极支持能吸收贫困人口就业、带动贫困人口增收的合作社发展特色产业。探索建立针对贫困地区合作社的信用评价，对农民合作社示范社给予授信，以应对贫困地区合作社有效抵押担保物不足问题。鼓励贫困地区将扶贫资金和贴息贷款直接提供给带动贫困人口增收成效明显的合作社，变“资金到户”为“效益到户”，使发展能力差的贫困户享受到股金分红。优先支持在贫困地区依托扶贫资金，规范开展农民合作社信用合作试点。

（三）加强贫困地区基础设施建设

建议在贫困地特色产业发展主产区建立政府主导、多方参与的农业基础设施投入新机制。支持合作社农田水利建设，小型农田水利、“五小水利”工程等建设向贫困村倾斜，加强贫困地区抗旱水源建设，提供技术改善灌溉条件，解决合作社生产经营用水难问题，提升贫困地区对新型农业经营主体的电力普及服务水平。

（四）注重合作社规范建设

“打铁还需自身硬”。合作社固然具有益贫性，但要切实发挥其对贫困人口的组织和带动作用，还要把规范运行、增强实力作为首要任务，强化其与贫困户的利益联结机制。对于规模较大的合作社来说，建议明晰领办主体与合作社的产权关系、合作社与社办实体的产权关系、出资成员与普通成员的分配关系，合理进行盈余分配。对于资源条件较差的合作社来说，建议优先落实“互联网＋”支持政策，开拓网上销售渠道，发展电子商务，支持合作社加强冷藏设施设备建设，打通贫困地区的农产品物流，通过网络平台集聚形成规模效应。同时，引导合作社以一产农业生产为基点、二产精深加工为重点、三产服务为亮点，促进农业领域分工分业、农业结构调整和产业融合发展。引导扶持建立一批同行业合作社之间的跨区域联合社，加强合作社发展的过程监管，指导合作社依法规范运行。

（五）培养合作社发展带头人

实践证明，凡是发展好的合作社，大多离不开能人的带动。应当加大培训力度，提高合作社领办人合作意识和管理水平。应鼓励和吸引各界精英、能人带动农村发展，鼓励农民工和大学生、转业军人返乡创业，领创办合作社等新型农业经营主体，使农业领域“双创”成为推动农村经济发展的强劲动力。

执笔人：郭娜英　张照新　高　强